행복한 부모 건강한 자녀

행복한 부모 건강한 자녀

서울특별시립청소년상담지원센터 엮음

2007
시그마북스
Sigma Books

행복한 부모 건강한 자녀

발행일 2009년 1월 20일 초판 1쇄 발행
엮은이 | 서울특별시립청소년상담지원센터
발행인 강학경 | **발행처** 시그마북스
마케팅 정제용 | **에디터** 권경자, 김경림, 김진주
일러스트 오민정
디자인 성덕, 김세아
등록번호 제10-965호
주소 서울특별시 마포구 성산동 210-13 한성빌딩 5층
전자우편 sigma@spress.co.kr | **홈페이지** http://www.sigmapress.co.kr
전화 (02)323-4845~7(영업부), (02)323-0658~9(편집부) | **팩시밀리** (02)323-4197
인쇄 백산인쇄
가격 12,000원
ISBN 978-89-8445-339-5(03180)

머리말

우리는 살아가면서 무수히 많은 인간관계를 만들기도 하고 유지하기도 하고 무산시키기도 한다. 그 중에는 에너지를 많이 쏟으면서 공을 들이는 관계도 있고, 에너지를 적게 사용하여 적당한 거리를 유지하는 관계도 있다.

"당신에게는 어떤 관계가 가장 중요한가?"라는 질문에 많은 수의 사람들은 가족을 이야기할 것이고, 특히 부모들은 자녀와의 관계를 우선시할 것이다. 많은 부모들은 자녀가 자신들의 인생에서 가장 중요하다고 얘기한다. 실제로 어떤 희생을 해도 아깝지 않다고 생각하면서 모든 것을 쏟아 붓는다. 그런데 결과는 성공적이지 않고 오히려 많이 실망하고 좌절을 겪게 된다. 왜 그럴까?

부모는 자녀와 처음으로 정서적, 신체적, 사회적으로 밀접하게 상호작용을 하는 사람으로서 자녀의 신체를 보호하고 의식주의 욕구 및 심리적, 사회적 욕구를 충족시키고 자녀의 발달을 촉진할 수 있는 학습 경험을 제공하며 적절한 자아개념을 가진 사회인이 되도록 교육과 사회화의 기능을 수행하는 역할을 한다. 즉, 부모는 자녀들에게 가장 많은 영향을 미치는 존재인데 이런 부모 자신의 힘든 정서에 대한 자각과 수용이 낮으면 비효율적인 양육 행동이 증가하게 된다. 그렇게 되면 자녀는 또래관계가 빈곤해지며, 정서적으로 힘든 시기에 자신을 보살피는 것을 잘 못하게 된다. 아동·청소년기 자녀에 대한 조력 과정에서 부모가 격려자, 상담자 역할을 잘 수행하기 위해서는 부모 자신의 감정을 잘 관리하고 자녀를 공감적으로 이해할 수 있는 리드형 리더십이 필요하다.

그러나 현대사회에는 가족 형태 및 구조에 많은 변화가 일어나고, 가정 생활의 내용과 기능이 변화되고 있어 부모 역할을 하는 데 어려움이 증대되고 있다. 또한 급변하는 시대에 발맞춘 변화된 부모상이 요구됨에도 불구하고, 현재의 부모들은 자녀양육에 따른 즉각적인 도움이나 조언, 성공적인 부모가 되기 위한 지침이 충분하지 못하기 때문에 부모 역할에 혼란을 겪고 있다. 또 부모와 자녀 간의 이해 부족으로 청소년 문제가 대두되기도 한다.

자녀의 문제는 비단 자녀 본인만의 문제는 아니다. 그를 둘러싼 환경, 즉 가족이라는 울타리와 그를 둘러싼 친구들 간의 대인관계 문제, 그리고 가장 중요한 부모라는 환경이 자녀에게 커다란 영향을 미친다. 본 상담센터에 내방하는 청소년들의 얘기를 들어보면 단지 지금 드러나는 문제가 그 청소년만의 문제라고 보기 어려운 경우가 대부분이고, 청소년 본인, 부모, 주변 환경 등 여러 가지 요인이 영향을 미치는 것을 볼 수 있다.

이에 청소년들을 둘러싼 환경과 여러 가지 문제점에 대처하고 예방하기 위한 사회 각계의 아동·청소년 분야 전문가들이 제시하는 바람직한 부모 역할 혹은 자녀양육 태도에 대한 지침은 자녀 문제로 혼란스러워하는 부모들에게 좋은 지침이 될 수 있다.

따라서 본 상담센터에서는 청소년들과 부모들이 호소하는 대표적인 문제 유형을 가족 및 대인관계, 자녀 문제행동, 학업 및 진로, 자녀양육 부분으로 나누어 각 유형에 대한 전문가들의 지침을 책으로 엮어보았다. 가족 및 대인관계 부분은 건강한 결혼생활 및 올바른 가족관계의 방향성을 만들어 가는 데 도움이 될 것이며, 자녀 문제행동 부분을 통해서는 자녀의 게임중독 및 스트레스, 이성 교제 등과 같은 현재 부모와 자녀 간에 많은 갈등을 빚고 있는 주제들에 대한 원인 및 대처방안을 알 수 있을 것이다. 또한 학업 및 진로 부분에서는 효과적인 학업 및 진로 지도를 위한 집중력 향상법, 독서 관리, 자녀에게 맞는 학습을 위한 성격 · 적성 활용법, 정서지능 개발법, 자녀의 학업 및 진로 지도를 위한 부모의 역할 등에 도움을 얻을 수 있을 것이다. 마지막으로 자녀양육 부분을 통해서는 올바른 부모 역할 및 행동, 부모 자신의 정신건강과 성장을 위한 방안, 칭찬 방법 등을 알 수 있을 것이다.

끝으로 이 책은 그 동안 서울특별시립청소년상담지원센터의 부모교육 전문 사이트인 부모넷(www.teen1318.co.kr)에 자녀양육에 관한 소중한 칼럼을 게재해 주신 분들의 노고로 이루어진 결과물이다. 다시 한번 이 책에 글을 싣도록 허락해 주신 여러 칼럼니스트들에게 감사를 드리며 또한 이 책이 나오기까지 수고하신 서울특별시립청소년상담지원센터 상담원 박성호와 이윤조에게 감사의 뜻을 전한다.

서울특별시립청소년상담지원센터 소장 박애선

Contents

part 1
가족 및 대인관계

건강한 결혼생활은 서로의 성장을
도와주는 것이다

✚ 양창순 : 양창순신경정신과 / 대인관계클리닉

소소한 다툼거리를 가지고 늘 아옹다옹하는 부부들이 있다. '사네 못 사네' 하지만 그 정도로 티격태격하는 커플이라면 그래도 행복한 편이라고 봐야 한다. 부부 사이에 아직 채널이 열려 있다는 뜻이므로. 진짜 문제 있는 커플은 소소한 말싸움 따윈 하지 않는다. 두 사람이 한 가지만은 암묵적으로 동의하고 있기 때문이다. 죽지 못해 꼭 필요한 경우에만 서로 말하기. 그 외엔 의도적이든 아니든 무관심으로 일관하는 것이다. 그러면서도 겉보기엔 아무 문제 없는 것처럼 살아가는 부부들이 적지 않다. 따라서 부부갈등은 상황이

거기에까지 이르기 전에 적당한 선에서 서로 조율하고 지나가지 않으면 안 된다.

결혼생활 10년째인 어느 아내의 이야기를 들어보자. 그녀의 남편은 집에 오면 필요한 것 시키고 야단치는 것 외에는 아무 대화도 하려 들지 않았다. 피곤하다는 게 그 이유였다. 하지만 밖에서 이 남편, 얼마나 매너 있고 유머감각도 넘치는지 보는 사람마다 '그런 남편과 사니 얼마나 좋겠느냐'고 하는 게 아닌가. 참다못한 아내가 그 이중성을 따졌다. 그러자 남편은 '그러는 당신은 날 위해 뭘 했느냐, 시부모 모시기 힘들다, 돈 좀 많이 벌어오라고 잔소리나 했지. 나도 그런 당신 보고 있으면 피곤하고 지겨우니까 서로 피장파장 아니냐'라고 하는 것이었다.

이 커플의 문제는 친밀감과 의사소통의 부재라고 할 수 있다. 물론 결혼생활 10년쯤 지나면 서로 데면데면한 게 사실이다. 하지만 눈에 보이지 않는 정서적 유대라는 게 있게 마련이다. 그러므로 때때로 그 유대감을 말과 행동으로 표현하며 사는 것이 좋다.

부부 상담을 하다 보면 늘 듣는 이야기가 있다. 서로 '너 때문에 내 인생이 망가졌다'며 상대방을 원망하는 것이다. 그럴 때 처음에 상대방을 택했던 이유를 물어보면, 십중팔구는 지금 비난하고 있는 바로 그 점 때문에 끌렸다는 걸 알 수 있다. 단지 지금은 보는 눈이 달라진 것이다. 그러므로 부부 사이에 친밀감을 되살리고 싶다면 처음 상대방에게 끌렸던 이유들을 적어보는 것도 한 방법이다. 그리고 지금은 무엇이 어떻게 변했는지, 앞으로 어떻게 달라졌으면 좋겠는지 구체적으로 이야기를 나눠보는 것이다.

임상에서 보면 많은 부부들이 이제껏 대화를 시도하다가 안 돼서 찾아왔다고 한다. 그런데 두 사람이 어떤 대화를 했는지 물어보면 거의가 상대방을 비난하고 원망하는 내용이다. 나한테는 아무 문제가 없는데 상대방이 문제라고 여기는 데 진짜 문제가 있는 것이다. 부부가 건강한 대화를 나누고 싶다면 먼저 문제의 원인이 서로에게 반반씩 있다는 전제가 필요하다. 그런 다음 서로 화난 감정을 솔직하게 털어놓되 상대방 때문이라고 비난하는 말만은 하지 말아야 한다. '당신은 이런저런 점이 잘못인데 반드시 그걸 고쳐야 한다'고 지적하며 선생님 노릇을 하려고 들지는 말아야 한다. 사람은 그런 식의 훈계로 쉽게 변하는 존재가 아니다. 상대방에게 '어떻게 살아야 하는지 잔소리하기를 그만두기만 해도' 부부갈등은 절반으로 줄어들 수 있다.

남편의 일중독도 문제를 가져온다. 남편은 일 때문에 가정을 희생하는 건 어쩔 수 없다고 생각한다. 그 대신 경제적 풍요와 사회적 성공을 가족에게 선물하는 걸로 일종의 면죄부를 얻었다고 여긴다. 하지만 자신의 일과 사회적 성공 때문에 남편과 아버지 역할까지 포기하는 건 불행이다. 그런 남편들일수록 '내가 죽도록 일한 건 다 아내와 아이들 때문'이라고 한다. 옳은 말이다. 그런데 가족들이 그렇게 느끼지 못한다면 그게 무슨 소용이 있겠는가.

부부란 함께 살아가는 동안 서로 도와서 계속 성장해 나가는 관계이다. 부부 사이에 갈등이 있는 것이 꼭 나쁜 것만은 아니다. 단, 그것을 파괴적이 아닌 건설적인 면으로 이끌어가는 것이 중요하다. 그것이 서로의 성장을 돕는 길이다.

서로에 대한 작은 배려가
행복을 낳습니다

✚ 이보연 : 이보연아동가족상담센터

이혼을 고려하고 있는 중이라며 마지막으로 지푸라기라도 붙잡는 심정으로 상담센터를 찾았다는 K씨는 네 살짜리 딸을 둔 단아한 용모의 아기 엄마였다. 술 먹고 들어와 딸아이와 자신을 깨워 얼굴을 부비며 큰소리치는 남편, 아침에 일어나 아무 일 없었다는 듯이 자신의 엉덩이를 쓰다듬으며 "꿀물 좀 타와"라고 말하는 남편이 너무나 싫고 징그럽다는 것이다. 진지하게 대화를 하려고 말문을 열면 딴청을 피우거나 "그래서? 어떻게 하라고?" 하며 따져 묻는 남편과는 더 이상 말도 통하지 않는 것 같아 이렇게 상처받으며 사는 것보다 헤어지는 게 나을 것 같단다.

　　S씨 역시 남편과의 대화 부족 때문에 큰 스트레스를 받고 있었다. 축구나 경제 이야기라면 하루 종일이라도 대화를 나눌 수 있지만 아이들이나 자신들에 대한 이야기를 하려고 하면 "당신이 알아서 해!", "그런 걸 갖고 뭘 그래. 당신이 예민한 거야" 하며 들으려 하지 않아 도통 말이 통하지 않는다는 것이다. 그럴 땐 남편에게 무시당하는 기분이 들어 상당히 오랫동안 기분이 언짢다고 했다.

　　K씨와 S씨처럼 부부간의 대화 부족이나 잘못된 의사소통 방식으로 인해 고통을 받고 있는 부부들은 생각보다 꽤 많다. 인간은 두 돌이 넘으면서부터는 타인과 상호작용하는 주된 방식이 바로 '말'을

통한 대화인데, 이렇게 대화에 문제가 있다 보니 부부간의 상호작용 전체에 어려움을 초래하게 되고 심한 경우 이혼으로까지 이어지게 되는 것이다. 그러나 이를 뒤집어 생각해 보면 적절한 대화 방법을 익힐 수만 있다면 부부 관계의 회복을 꾀할 수도 있다는 것이 된다.

부부간의 대화를 잘 하려면 먼저 상대방의 특성을 살피고 이를 배려하는 자세가 필요하다.

남과 여로 이루어져 있는 부부는 성별에 따라 확연히 다른 의사소통 특성을 지니고 있다. 한 연구에 따르면 여성은 하루에 20,000단어를 말하고 남성은 7,000단어를 말한다고 한다. 여성이 남성보다 하루에 거의 세 배 정도 이야기를 많이 하는 셈이다. 전업주부인 경우 남편이 오기 전까지 소모하는 단어가 10,000개 정도 되고, 밖에서 일하는 남편은 거의 7,000단어를 전부 다 소모한 채 귀가하게 된다. 이제나 저제나 남편이 오길 기다렸던 아내는 남은 10,000단어를 남편과 대화하며 사용하길 원하지만 남편은 하루 할당량을 채웠으므로 아내의 말에 반응하는 것이 버겁다. 조잘대는 아내 옆에서 남편은 "아휴, 밖에서 일하느라 지쳤는데 집에서조차 쉬지를 못하다니" 하는 생각을 하고, 아내는 "사랑이 식었나봐. 내가 하루 종일 얼마나 답답했는데 내 맘도 몰라주고"라며 섭섭해한다. 이러한 섭섭함이 가끔 의심과 외로움, 분노의 감정으로 바뀌면서 부부 문제는 심각해지는 것이다. 여기서 조금씩 양보한다면 대화는 좀 더 잘 이루어질 수 있다. 아내는 남편이 어느 정도 쉴 수 있는 시간을 주고,

남편은 아내의 수다를 고개 끄덕이며 들어주는 노력을 조금만 하면 된다.

남녀의 또 다른 의사소통 특성은 사고의 차이에서 기인한다. 여성은 보다 감성적이고 관계를 중요시한다. 이에 반해 남성은 경쟁적이며 문제 해결을 중시한다. 여성에게 기분이나 감정은 결과 이상으로 중요한 것이지만 남성은 이기고 지는 것, 문제를 효율적으로 해결했느냐 그렇지 못했느냐가 더욱 중요하다.

이러한 사고 패턴의 차이는 의사소통에서도 그대로 나타난다. 얼마 전 친구와 사소한 다툼을 하고 나서 남편에게 열심히 말하고 있는데, 남편은 반쯤 듣더니 "당신이 잘못했네"라고 말하는 것이다. 사실 나는 남편에게 시시비비를 가려달라는 것이 아니었고 그저 "속상했겠네"라는 소리를 듣고 싶었던 건데 꼬치꼬치 아내의 잘못을 지적하며 마치 재판관처럼 행세하는 것이 아닌가. 그 순간 기분이 확 상하면서 "됐어. 말을 한 내가 잘못이지" 하며 입을 다물게 되었다. 이런 일은 다른 부부들에게서도 흔히 발견할 수 있다. 아내가 불만을 표현하면 남편은 "뭐, 그런 것 갖고 난리야", "그래서 당신이 못 한게 있나? 할 거 다 하면서 웬 불평이 그렇게 많아", "먹고 살 만하니까" 등등 아내의 감정은 배려해 주지 않고 결과만을 따지고 든다. 문제를 해결하는 방식도 여자는 진심어린 사과의 말 한마디를 원하지만 남편은 "옷 사 입어" 하고 수표 한 장을 던지거나, 혹은 K씨의 남편처럼 아내의 엉덩이를 만지는 것으로 사과하려 들기도 한다.

또한 남자의 경우 경쟁이나 비난에 매우 민감해 아내가 푸념을 늘어놓으면 자신을 공격한다고 여겨 곧장 반격 자세에 들어가게 된다. 아내가 "영이네는 이번 휴가 때 태국 간대"라고 말하면 남편은 "그래, 난 무능해서 그런 데도 못 데리고 간다"라며 화를 내는 것이다. 심지어는 "영이네 아빠는~"이라고 말을 꺼내기만 해도 "그렇게 부러우면 그 놈하고 살지 그래?"라고 성을 내기도 한다. 사실 아내의 입장에서는 "그랬어?" 혹은 "속상했겠네"라는 말 한마디 듣고 싶었을 뿐이거나 그냥 주변에서 일어난 일을 수다 떨듯 이야기한 것뿐이다. 하지만 남자, 특히 '강한 남자'의 이미지에 압도된 한국 남자들은 아내가 푸념이나 불평을 말하면 자신이 무능한 존재라는 느낌을 갖게 되어 마음이 쉽게 불편해지면서 공격적 혹은 회피적인 반응을 보이게 되는 것이다. 이럴 때 아내도 신경이 날카로워질 수 있고, 이 때문에 싸움이 일어날 수도 있다. 그러나 이러한 남녀의 의사소통 특징을 알고 나면 서로에 대해 좀 더 이해하고 배려해 주는 마음이 생기며 부부간의 갈등은 줄어들게 된다. 아내는 남편이 말을 적게 하는 것이 아내를 사랑하지 않거나 무시해서가 아니라는 것을 이해하고, 비교하는 말을 삼가려고 노력하고, 남편은 좀 더 잘 들어주고 공감적인 말을 몇 마디 해주는 것이 아내를 행복하게 하는 일임을 알게 되면서 상대방에 대한 배려가 시작되는 것이다. 그리고 이러한 작은 배려는 관계를 풍성하게 하는 훌륭한 밑거름이 된다.

행복한 부부의 사랑법

✚ 신규진 : 경성고등학교

부부싸움을 한 적이 없다고 하면 "설마?" 하는 눈길을 보내는 이들이 많은데, 참말이다. 아내와 나는 대학 동아리에서 2년 선후배 사이로 처음 만났지만, 시쳇말로 캠퍼스 커플은 아니었다. 군 제대 후우연히 다시 만나게 되었는데, 결혼에 성공하기까지가 순탄치만은 않았다. 사귀자고 했더니 "약속한 사람이 있다" 했고, 서로 사랑하게 된 다음에는 처가 식구들의 반대가 심했다. "열 가지 중에 한 가지도 마음에 드는 것이 없네그려…" 이런 말을 듣고 누군들 야속하지 않을까마는 1년 뒤에 결혼 승낙이 떨어지자 마냥 좋기만 했다.

처가 또는 시가에서 반대했다는 과거사를 들추어서 부부싸움을 키우는 경우가 많은데, 그런 이들에게는 인식을 바꾸라고 권하고 싶다. 소중하게 잘 키운 자식일수록 쉽게 내주기 싫은 법이다. 그런데도 마침내 결혼을 허락했다면 더 감사해야 하지 않겠는가.

15년이 흐른 지금, 아내와의 사랑은 더욱 두터워지고 건강하게 크는 아이들을 보면 곡식이 무르익는 들판을 보는 듯 마음이 풍요롭고 왠지 나른한 기분이 들기도 한다. 이를 두고 사람들은 '행복'이라 부르는 것 같다.

아이들의 눈을 자세히 들여다보면 집안 풍경이 보인다. 웃음 잃은 얼굴 뒤에는 화목하지 않은 가정이 있다. 아이들은 부모가 서로 친밀하지 않을 때 가장 많이 실망하고 힘들어한다. 아무 걱정이 없어도 학교 일과를 소화하기 쉽지 않은데 부모 사이에 싸움이 잦으면 공부가 제대로 되겠는가?

담임을 처음 맡았던 15년 전에는 이혼 가정의 자녀가 딱 한 명 있었던 것으로 기억한다. 해가 거듭될수록 늘더니 지금은 한 반에 열 명이 넘는 경우도 있어 매우 안타깝다. 통계에는 성격 차이 때문에 이혼하는 부부가 가장 많은 것으로 나타나는데 이혼 사유치고는 옹색하기 짝이 없다. 성격은 원래 사람마다 다른 것이 아닌가?

부부로 살다가 헤어지는 진짜 이유는 애초부터 사랑의 크기가 작았거나 함께 사는 동안 열정이 식어버린 탓이다. 사랑의 크기를 자로 재듯 측정할 수는 없겠지만 상대방을 위해 헌신할 각오가 되어 있지 않으면 결코 큰 사랑은 아닐 것이다. 농담이라도 밥 해줄 여자가 필요하다든가 남자의 그늘이 필요하기 때문이라든가 하는 따위의 시들한 이유를 내걸고 하는 결혼이라면 행복을 키워나가기 힘들다.

한때 젊은 열정으로 사랑했으나 차차 시들해진 경우라면 이유는 게으름이다. 일 년 농사지어 평생 먹고 살 수는 없지 않은가? '허니 honey'를 위해서는 늘 꿀벌처럼 꽃가루를 모아야 한다. 꽃가루를 모으는 일은 남편의 몫이다. 남편은 어떻게 하면 아내가 행복해할까를 늘 고민하지 않으면 안 된다. 아내는 채무자도 아니고 하녀도 아니다. 사랑하는 남편과 아이들을 위해 봉사하는 고마운 사람이다. 하루 종일 직장에서 힘들게 일했다고 유세해서는 안 된다. 가족이 없으면 직장에 안 다닐 것인가? 아내도 자신의 영역에서 최대한 노력하고 있다는 사실을 잊어서는 안 된다.

맞벌이를 하면서도 아내들은 두말없이 집안일을 책임진다. 더러 가사를 공평하게 나눠 하고 있다고 말하는 남편들도 있지만 사실 거든다고 하는 편이 더 적절한 표현일 것이다. 아내가 남편을 위해 커피를 타는 것은 당연하고, 남편이 아내를 위해 다림질을 하면 대단히 자상한 남편이라 칭찬한다. 며느리가 시부모에게 잘하는 것은 당연하고, 사위가 처부모에게 잘하면 기특하다 여긴다. 오랫동안 젖어 있었던 남성 중심의 가부장적 가치관 때문에 노고에 대한 평가의 잣대는 아직도 공평하지 못하다. 때문에 남편이 한참 손해 보며 살고 있다는 생각이 들 정도여야 부부의 역할이 그나마 엇비슷해진다.

나는 결혼 전력이 화려한 사람도 아니고 세상 다 살아본 경륜가도 아니며 심리 이론에 정통한 박사도 아니다. 대신 내게는 수십 년 동안 거의 매일 신경전을 벌이고, 때로는 격투기도 불사했던 부모님이 계신다. 어릴 때는 싸우는 부모님을 말리려고 악을 쓰며 울기도 했고 끼니를 거르며 집 밖에서 헤매기도 했지만 부질없는 일이었다. 굶으면 나만 손해란 것을 알고는 뒤엎어진 밥상 챙겨 먹다가 뒤통수를 맞기도 했다. 부모님은 부부 관계에 관한 한 최고의 반면교사이다. 부모님 덕분에 꿈을 꾸었다. 장미가 그득한 정원, 하얀 이층집에서 아내는 피아노를 치고 내 아이들은 바이올린을 켜고 있는…. 지금 내 집의 거실에서는 두 딸아이와 아내의 웃음소리가 들려온다.

행복한 가정을 일구려면 부부는 서로를 '무조건 존중' 해야 한다. 살다 보면 아무리 마음이 잘 통하는 부부라 할지라도 의견 충돌이 있게 마련이다. 대개는 대화를 통해서 의견의 차이를 좁히고 합의점에 도달할 수 있지만 이것이냐 저것이냐 양자택일을 해야 할 경우에는 부부 중 어느 한쪽이 양보할 수밖에 없다. 일단 어떤 일에 대해 결정을 내리고 나면 나중에 결과가 좋지 않다 하더라도 함께 짐을 져야 한다. '그때 고집부리지 말고 내 말을 들었더라면 좋았을 것 아니냐' 는 책망의 말은 문제 해결에 아무런 도움이 되지 않고 배우자를 원망하는 것은 더구나 지혜롭지 못한 일이다.

만약 중요한 사안에 대해서 아내나 혹은 남편이 독단적으로 결정했다면 어떻게 해야 할까? 이런 경우에도 무조건 존중해야 한다. 그 존중의 바탕에는 '당신도 나만큼 현명하다'는 믿음이 자리하고 있다. 독단적으로 어떤 일을 결행해야 했다면 굳이 배우자에게 알릴 필요성이 없다고 생각했거나, 아니면 말할 수 없는 사정이 있기 때문일 것이다. 적어도 부부라면 말할 수 없는 사정까지도 존중하는 자세가 필요하다.

존중의 뿌리는 사랑이다. 사랑은 자신의 주관적인 경험과 느낌에 중심을 두는 경향이 있어서 다소 이기적인 속성을 띠기도 한다. 그래서 짝사랑이 있는가 하면 스토커도 사랑을 명분으로 삼고 폭력 행사도 사랑 때문이라고 착각하는 것이다. 그러나 존중은 어디까지나 그 마음을 받는 쪽에서 느끼고 판단하는 고상한 감정이다. 말하자면 존중은 '사랑의 바탕에 배려와 인내, 친절과 감사의 고명을 올려놓은 아름다운 마음'이라고 표현할 수 있겠다.

아름답고 행복하게 살기 위한 부부의 마음가짐으로 '무조건 존중'보다 더 귀한 것이 있을까?

가족 간의 대화란
그 사람의 구두를 신고 세상을 보는 것

✛ 심영섭 : 영화평론가 / 대구사이버대학교

"가족과는 어떻게 이야기를 해야 하죠?" 상담을 하면서 가장 많이 받는 질문 중 하나가 대화에 관한 것이다. 가족들이 대화를 해야 한다는 소리는 귀에 못이 박이게 듣지만 정작 그 방법은 모른다. 늘 보기 때문에 할 말도 건넬 말도 없는 것 같고, 가끔 미움이 복받치면 입에서 고운 소리가 나오지 않는다. 어떡해야 하나?

영화 〈여인 사십〉의 순 부인도 처음에 비슷한 문제를 경험했었다. 그녀는 생선 값을 깎고 그걸 또 세 토막 내어 가운데 토막은 냉장고에 아껴두고 두 토막으로 한 마리 생선을 만드는 전형적인 아주머니 기질을 발휘하며 잘 살고 있다. 그러나 공군 비행 편대장 출신의

군인으로, 항일 정신 투철하고 가부장 정신 투철한 시아버지가 치매에 걸리면서 모든 것이 달라져버렸다. 며느리 생일 때도 여자가 신발을 신겨줘야 한다며 임전무퇴의 마초 정신을 보여주었던 시아버지가 치매에 걸리자 완전히 어린애가 되어버린 것이다. 비누를 버터로 알고 빵에 끼워 먹질 않나, 아들을 도둑놈으로 생각하고 목을 비틀지 않나, 갑자기 자다가 벌떡 일어나 일본군이 쳐들어온다고 식구들을 다 깨우고, 우산을 낙하산 삼아 옥상에서 뛰어내린다. 그런데 이 할아버지, 딸도 아들도 손자도 못 알아보는데 유독 며느리만은 알아본다. 순 부인은 결국 시아버지의 세계를 자신의 세계에 편입시키면서 점차 그를 다루는 법을 알게 된다. 양로원에서 명찰을 차지 않겠다고 고집 부리는 시아버지에게 명찰이 아니라 훈장이라고 하고 넌지시 가슴에 달아주고 한밤중에 적이 침입했다고 소리를 지르면 집으로 돌아가자고 하는 대신 방공호로 가자고 하면 설득이 된다. 아들이 "아버지 명찰 다셔야죠"라고 하면서 자꾸자꾸 떨어진 명찰을 달아주며 아버지를 곧이곧대로 대하는 것과는 아주 대조적이다. 결국 가족 간의 대화란 그 사람의 구두를 신고 그 사람의 언어를 배워가는 것이라는 것을 〈여인 사십〉은 실감나게 전해준다.

비슷한 메시지가 영화 〈마빈의 방〉에서도 똑같이 반복된다. 이 영화 역시 공교롭게도 〈여인 사십〉과 똑같이 치매에 걸린 아버지가 나온다. 게다가 언니 베시는 백혈병에 걸려 골수이식을 받아야 하는 상황이다. 그러던 차에 근 10여 년간 연락이 두절되었던 동생 리가 언니 베시를 찾아온다. 한때는 자유분방하고 활발한 처녀였던 리는 지금은 두 아들을 억척스럽게 키워낸 미용사가 되었다. 그런데 베시는 이 두 아이들을 어떻게 대해야 하는지 도통 모른다. 리의 큰아들 행크는 타인의 관심에 굶주린 10대 아이로 오랫동안 아버지 없이 동생과 자라다 보니 남성 역할 모델이 없어 아버지를 그리워하고 정체성 혼란에 빠져 있다. 그런데 리는 행크를 그저 통제만 하려 든다. 행크가 과자를 먹으려 하자 리는 어른이 과자를 먹으란 이야기도 하지 않았는데 먼저 과자를 집는다며 손에 든 과자를 내려놓으라고 명령한다. 행크는 이모인 베시가 과자를 맘껏 먹어도 좋다고 하자 이번에는 반대로 과자를 먹지 않는다. 그런 행크를 보고 어머니 리는 어른이 권했으면 예의상 하나는 먹으라며 과자를 집으라고 명령한다. 먹으랬다 먹지 말랬다… 대체 행크는 어찌해야 할까? 아마도 행크에 대한 리의 태도가 전형적인 이중 구속의 한 예일 것이다. 이야기의 표면과 이야기의 속뜻이 서로 다르게 전달되는 방식으로 이야기를 하는 것. 언어적 의사소통과 비언어적 의사소통이 동시에 부과되는 상황이다. 예를 들어 싸우지 말라고 하고서는 매 맞고 오면 한심한 듯 쳐다보는 그런 상황 말이다. 행크를 이러지도 저러지도 못하게 하는 리의 통제 방식에 맞닥뜨리면 꼭 폭죽 터뜨리듯이 마음에 꾹꾹 눌러왔던 분노를 한꺼번에 터뜨리게 된다. 심지어 집에 불을 지른다. 베시는 그런 행크에게 진심을 전달하는 방법을 알고 있는 유일한 사람이다. "넌 타고난 드라이버구나"라고 칭찬을 하고 부드럽게 마음을 읽어주고, 때론 정직하게 사태를 직면시킨다. 밤늦게 할아버지의 연장 도구를 들고 그것들을 만져보는 행크. 베시에게 들키자 지레 짐작으로 "가져다놓을게요"라고 말을 하자, 베시는 행크의 속마음을 읽고 "네가 훔쳤다는 게 아니야. 맘에 들면 가져"라고 말을 한다. 행크는 태어나서 처음으로 자신을 받아들여 주는 사람을 만나 서서히 변화하기 시작한다. 이윽고 이모에게 "연장이 멋있다"는 말을 한다. 결국 아이들과의 대화는 나의 마음을 먼저 보이고, 그 사람의 구두를 신고 그 사람의 입장에서 이야기를 하는 것 외에 다른 비법이 있는 것은 아니다. 비단 그것은 아이들뿐이 아니다. 세상 모든 사람과의 대화의 이치이다. 그런데 유독 왜 아이들하고는 되지 않을까? 아이들을 통제하려는 마음, 빨리 말을 듣게 하려는 마음이 사단이다. 아이들의 구두를 신으면 그 순간 부모와 자녀 간의 잘못된 첫 단추는 스르르 풀어지게 되어 있다.

변화시키고 싶은가?
그러면 먼저 그를 좋아하라

✚ 이민규 : 아주대학교

"선생님의 저서 『끌리는 사람은 1%가 다르다』와 TV 강의를 듣고 많은 감동을 받았습니다. 제가 젊다면 선생님과 같은 분야에서 일하고 싶다는 생각도 해보았습니다. (중략) 오늘 제가 펜을 든 것은 중학교에 다니는 제 아이가 요즘 부쩍 말을 안 듣고 게임이나 DVD에 탐닉하고 있다는 문제 때문입니다. 아무리 좋은 말로 타이르고 엄하게 질책해도 개선이 안 됩니다. (중략) 이 어려운 상황을 어떻게 극복해야 할까요? 조언 부탁드립니다."

며칠 전 한 독자로부터 받은 메일이다. 그리고 나는 이런 식의 답장을 보냈다.

"○○○님, 메일 잘 받았습니다. 충분히 이해가 갑니다. 알고 계시겠지만 저도 큰아이가 중학생이었을 때 그런 일로 엄청 속이 많이 상했습니다. 중학교 2학년 때부터 고등학교 2학년까지 거의 4년 가까이 비슷한 패턴들이 반복되었습니다. 저는 아이에게 도움이 될 만한 이야기들을 해주고 아이는 제 말을 흘려들으면서 학교생활에 적응을 하지 못하고… 그러면서 깨달은 게 몇 가지 있습니다. '사람은 합리적인 존재가 아니다' '옳은 말만으로는 상대를 설득시킬 수 없다' '좋아하면 판단하지 않는다' 등입니다. 시간이 많이 지난 다음에야 깨달았습니다. 저는 심리학자였고 카운슬러였으며 상담을 가르치는 교수였습니다. 하지만 아이를 지도하는 데는 그게 별 도움이 되지 못했습니다.

제 경험으로 미루어 보면 우선은 아이를 변화시키려 하기보다는 먼저 아이가 아빠를 좋아하도록 해야 합니다. 그러려면 전제 조건이 있습니다. 아빠가 먼저 아이를 좋아해야 합니다. 좋아할 수 있는 점을 찾아내야 합니다. 사람을 '좋아하는 것'은 그냥 느껴지는 감정이라고 생각하는 사람들이 많은데 저는 그렇게 생각하지 않습니다. 지금은 말입니다. 누군가를 좋아하는 것은 선택입니다. 그리고 연습이 필요합니다. 옳은 말, 그 아이에게 도움이 되는 말보다는 좋아한다는 감정을 먼저 아이에게 전달해 보십시오. 아빠가 자기를 정말 좋아한다고 느껴질 때 아이는 비로소 마음을 열고 아빠의 조언을 받아들일 것입니다. 제 자신을 돌아보면, 자수성가하고 잘난 아빠들

의 옳은 말이 아이들에게는 가장 듣기 싫은 말이 될 수도 있습니다. (중략) 도움이 되었으면 좋겠습니다. 감사합니다. 이민규 드림."

좋아하면 판단할 필요가 없다

생각만 해도 기분이 좋아지는 선생님과 꿈에 볼까 두려운 선생님이 내주신 숙제, 학생들은 어떤 숙제를 더 먼저 할까? 아침에 만나면 하루가 즐거워지는 부장님과 회식이라도 함께 하자고 할까 봐 겁나는 부장님이 있다. 함께 해야 할 프로젝트가 있다면 직원들이 데이트 약속을 취소해 가면서라도 제 시간에 완수하고자 하는 일은 어떤 쪽일까? 끌리는 엄마와 꺼려지는 아빠가 같은 조언을 한다면 아이들은 누구의 말을 더 잘 들을까?

사람들은 누구나 끌리는 사람을 선택하고 끌리지 않는 사람은 내친다. 모든 선택 뒤에는 반드시 끌림이 있다. 선택에 미치는 끌림의 영향력을 제대로 파악하는 사람은 어떤 상황에서든 더 유리한 입장에 선다. 다른 사람들을 변화시키려고 할 때 그들의 호감을 끌어내는 것만큼 중요한 것은 없다. 좋아하면 판단할 필요를 느끼지 않기 때문이다.

상대방이 우리의 의견을 받아들이고 그것을 따를 기분을 느끼지 못한다면 그 말이 제아무리 옳다고 해도 우리는 그들을 설득할 수 없다. 자녀, 배우자, 상사나 부하, 고객이나 투자자, 상대가 누구든 누군가를 설득하려면 그 전에 반드시 거쳐야 할 단계가 있다. 무엇보다 먼저 상대가 나를 좋아하게 만드는 것이다. 그렇게 하려면? 내가 먼저 그들을 좋아해야 한다.

좋아한다는 표현을 연습하자

사람은 누구나 "좋아한다"는 말을 듣고 싶어한다. 나도 그렇고, 아마 여러분도 그럴 것이다. 그러나 아이러니하게 다른 사람에게는

"그걸 꼭 말로 해야 해?" 하면서 좋아한다고 표현하기를 꺼린다.

특히 가족과 같이 가까운 사이에서 더 그렇다. 가족에게 부정적인 표현은 잘 하면서 긍정적인 표현은 못 하는 사람이 의외로 많다. 좋은 감정은 굳이 표현할 필요가 없다고 생각하거나 쑥스럽게 여기기 때문이다. 하지만 사람들은 모두 그런 말을 듣고 싶어한다.

자신을 좋아한다는 말을 듣고 불쾌해할 사람은 없으며 다른 사람에게서 호감을 얻는 가장 빠른 방법은 상대를 좋아하는 것이다. 그리고 그 감정이 반드시 상대방에게 전달돼야 한다. 표현되지 않은 호감은 호감이 아니기 때문이다. 좋아하는 감정을 제대로 전달하려면 연습을 해야 한다. 그 첫 단계는 '좋아하는 마음'을 표현하는 방법과 어휘를 늘리는 것이며, 그 다음 단계는 표현을 시도하는 것이다.

좋아하는 마음을 전달하고 싶은 사람을 한 명 떠올려보자. 그 사람뿐 아니라 그와 관련된 사람이나 일에 대해서 좋게 느껴지는 점들을 찾아보자. 좋아하는 마음을 전달할 수 있는 단어나 짧은 문장들을 모조리 찾아보자. 좋아하는 마음을 표현할 수 있는 표정, 시선, 몸짓을 찾아보고 그것을 목록으로 작성하자. 그중 하나를 골라 지금 당장 실천으로 옮겨보자. 생각만 하지 말고 입을 열어 진솔하게 말해보자.

아이에게 긍정적인 물음표를 새겨주자

✚ 이보연 : 이보연아동가족상담센터

어느 날 내 상담실에 한 어머님이 씩씩거리며 들어오셨다. 그 어머니의 열 살짜리 아들인 민영이는 부모뿐 아니라 주변 어른들에게 매우 무례하게 행동하고 또래들에게 공격적인 행동을 일삼는 문제로 나에게 상담을 받고 있는 중이었다. 어머니는 아이가 상담치료 중이고 선생님의 조언에 따라 아이를 이해하고 잘해주려고 무척 노력 중이라고 했다. 하지만 "어찌된 일인지 아이에게 잘해주면 잘해줄수록 아이가 더욱 버릇없고 고집스러워지니 우리 아이는 잘해주면 안 될 아이인 것 같다"고 한숨을 내쉬었다.

또래 관계가 잘 안 되어 상담실을 찾은 정민이의 어머니도 비슷한 고민을 털어놓으셨다. 스스로 친구를 못 사귀어 어머니가 또래들을 물색해 집으로 불러와 같이 놀 자리를 만들어주어도 엄마 옆에만 붙어 있으려 하니 타고 나길 그런 것 같다며 힘들어했다. 이런 경우는 치료 초기 과정에서 종종 볼 수 있는 일이다. 수년간 익숙해졌던 생각이나 행동습관을 바꾸기는 쉽지 않은 일이기 때문이다. 엄마에게 수년간 야단을 맞아온 아이는 엄마가 야단을 안 치면 오히려 그게 이상하고 불안하기 때문에 야단맞을 짓을 더 한다. 그 동안 경험으로 야단을 맞는 것이 바로 '나'이고 야단을 치는 사람은 '엄마'인 것이 너무나 굳어져 있기 때문이다. 또래와 어울리는 경험을 못 했던 아이에게 자신은 '친구들이 싫어하는 아이'이고, 친구들은 '날 싫어할 것'이기 때문에 또래를 붙여줘도 튕겨나간다. 아이가 변하려면 먼저 이러한 생각을 바꾸어야 한다.

　아이들은 어린 시절 부모의 돌봄과 양육을 받으면서 자신은 어떤 사람인지, 타인은 무엇을 하는 사람인지, 그리고 세상은 어떠한지에 대해 나름대로 개념을 형성한다. 배고프거나 혹은 다른 문제가 있어 울거나 도움이 필요할 때 부모가 다가와서 살피고 문제를 해결해 주는 경험을 반복적으로 한 아기와 빈번히 무시와 거부를 당한 아기와는 자신, 타인, 그리고 세상에 대한 개념에서 큰 차이가 날 수밖에 없다. 전자의 아기는 자신은 사랑과 돌봄을 받을 만큼 충분히 소중하고 가치 있는 존재이며, 부모 또한 적절한 도움과 지지를 제공해 주는 존재가 된다. 세상은 당연히 살 만하고 따뜻한 곳이다. 그러나 후자의 아기에게 부모는 거부하는 사람이며 자기 자신은 도움이나 사랑을 받을 만한 가치가 없는 존재이다. 세상은 냉정하고 무섭다. 아기들은 대개 만 3세, 늦어도 만 5세까지는 이러한 개념들을 형성한다. 그리고 이러한 개념들은 앞으로 아이의 생각, 행동, 감정을 이끌며 웬만해서는 바뀌지 않는다. 물론 살다 보면 좋은 일도 있고 나쁜 일도 있다. 하지만 자신에 대해 부정적인 개념을 형성한 아이는 긍정적인 일은 놓치거나 금세 잊어버린다. 반대로 자신을 긍정적으로 보는 아이는 부정적인 경험보다 긍정적인 경험에 훨씬 의미를 많이 부여한다. 나의 경험으로도 이것은 진실이다. 자존감이 낮은 영수는 게임에서 지면 "난 만날 져. 선생님은 만날 이기고"라고 말한다. 사실은 자신이 평소에 더 많이 이겼음에도 불구하고 자신이 실패한 경험에만 초점을 두어 더욱 자존감이 낮아지는 것이다. 여진이는 항상 "사람들은 날 싫어해요. 나에게 화만 내요"라고 말하고 다닌다. 하지만 사실 여진이는 다른 사람들의 화를 불러일으키는 재주가 있다. 상대방이 따뜻한 미소를 지으면 불안한 듯 날카롭게 "왜 웃어요? 뭐가 그렇게 웃겨요?"라고 쏘아댄다. 상대방은 무안하면서 기분이 상해 여진이를 멀리한다. 영수와 여진이 모두 자신들이 형성한 개념이 맞아떨어지도록 세상을 살아가고 있는 것이다.

그렇다면 아이 마음속에 강력하게 형성되어 있는 이러한 개념들을 어떻게 바꾸어야 할까? 쉽지는 않지만 분명히 방법은 있다. 아이들의 마음속에 자꾸 물음표를 새겨 넣는 작업을 하면 된다. 즉, 자신이 규정지었던 개념들에 의문을 갖게 하는 경험을 많이 하면 되

는 것이다. '나는 소중하지 않다'라고 생각하는 아이에게는 '나도
소중한가?'라고 느끼게 하는 경험을 제공하며, '세상 사람들은 나
같은 것에는 개의치 않는다'라는 개념을 형성한 아이에게는 '세상
사람들은 나에게 관심이 있다'라는 것을 느끼게 해주면 된다. 예를
들어, 평소에 덜렁대던 아이가 엄마가 아끼는 컵에다 물을 먹겠다
고 조른다. 엄마는 내키지 않지만 허락하고 아이를 주시하고 있다.
아니나 다를까! 아이는 컵을 떨어뜨려 깨뜨렸다. 이때 아이는 '난
역시 부주의한 사람이다', '실수를 했으니 벌을 받을 것이다'라는
생각이 순간적으로 스치고 간다. 이때 "야! 너 또! 넌 도대체… 이게

얼마짜린데"라고 하는 대신에 다르게 반응해 보자. "괜찮니? 어디 안 다쳤어?" 이 말을 들은 아이는 어리둥절해한다. 엄마가 자신을 야단치는 걸 기대했는데 야단을 안 치니 오히려 불안하다. 엄마가 혹시 컵이 깨진 것을 못 봤을지도 모른다는 생각에 조심스럽게 묻는다. "엄마, 나 엄마가 제일 아끼는 컵 깼는데?" "그래. 깨졌구나. 엄마가 제일 아끼는 컵이라 속상하기는 하지만 그래도 우리 딸 깨지는 것보다는 낫지. 우리 딸 깨지면 어디서 살 수 있겠어." 이 순간 아이는 감동한다. 최소한 자신이 컵보다는 소중한 존재임을 안다. "엄마, 미안해." "그래. 실수는 누구나 할 수 있어. 다음에 좀 더 조심하렴." 아이는 이러한 경험을 통해 마음속에 물음표를 새겨 넣는다.

부모와 자녀 관계가 소원하면 할수록 아이의 마음속에 물음표를 새겨 넣는 일은 쉽지 않다. 부모가 노력해도 쉽게 마음의 문을 열지 않고 부모의 노력이 진심에서 우러난 것인지 단지 일시적인 행동인지 끊임없이 시험하는 아이도 있다. 부모의 변화가 좋으면서도 선뜻 믿고 따르기에는 그 동안의 불신이 너무 컸기 때문이다. 하지만 아이에게 긍정적인 물음표를 새기려는 노력은 어느 날 느낌표로 아이에게 새겨질 날이 분명히 온다. 아이보다 먼저 포기하지 않는다면 말이다.

아버지의 자리를 찾아서

✚ 이호준 : 한국청소년상담원

"너 이번 주말에 시간 있니?" 아버지가 이렇게 물으실 때 나는 긴장하곤 했었다. 아버지가 그렇게 말씀하실 때는 '네가 나와서 가게 일을 좀 도와야겠으니' 아니면 '같이 인사 가야 할 친척집이 있으니' 마음의 준비를 하라는 뜻이 담겨져 있다는 것을 알고 있기 때문이었다. 물론 귀찮을 때가 많았지만 그런 게 다 '자식의 의무' 려니 했기에 아주 못 견딜 정도는 아니었다. 나는 '의무' 에 익숙해 있었으니까.

"너희들 이번 주말에 시간 있니?"라고 어쩌다 내가 물으면 우리 아이들은 이렇게 되묻는다. "왜, 서울랜드 가려고?" 긴장하는 기색이라고는 전혀 없는 아이들, 이 아이들에게 '의무' 같은 것을 기대

하는 것은 애초부터 무리였을 것이다. 그래도 왠지 허전한 것은 어쩔 수가 없다. 이 아이들에게 아버지란 고작 놀이공원 데려가주는 사람이란 말인가?

흔히들 '아버지 부재'의 시대라고 한다. 이 말은 아버지들이 바빠서 집에 머무는 시간 자체가 적다는 의미도 있지만 그보다는 예전과 같은 권위를 갖지 못한다는 의미가 더 클 것이다. 분명 우리의 아버지 세대는 안 그랬던 것 같은데… 어쩌다가 아버지들은 이렇게 권위를 잃어버린 존재가 되었을까?

언젠가 나 혼자서 아이들을 데리고 집 앞 공원에 간 적이 있었다. 모처럼 아빠 노릇을 제대로 해보겠다는 생각에 나는 아이들만큼이나 들떠 있었다. 날씨도 좋았고 모든 것이 완벽했다. 내가 지갑을 놓고 온 것을 깨닫기 전까지는 말이다. 문제는 아이들이 무엇인가를 사달라고 조르면서부터 시작되었다. 아이들은 평소 같으면 쉽게 얻을 수 있었던 것이 뜻대로 안 되자 자꾸 칭얼대기 시작했다. 나는 어떻게든 아이들을 달래보려 했지만 그게 그렇게 쉬운 일이 아니었다. 공원에 핀 아름다운 꽃들도 소용이 없었고, 나중에 사준다는 약속도 소용이 없었다. 아이들은 자꾸 집에 가자고 하면서 엄마를 찾기 시작했다. 아, 그 순간의 참담함이라니… 한 손에 한 명씩 아이들 손을 잡고 공원을 거닐며 '아빠와의 대화' 시간을 가져보려던 꿈은 결국 이렇게 물거품이 되고 말았다. 맥없이 돌아온 나를 보면서 아내는 나의 부주의함을 힐책했다. "아이들과 같이 나가면서 가장 중요한 것을 빼놓고 가다니….”

나는 이 사건을 통해 아주 중요한 사실 한 가지를 발견할 수 있었다. 그것은 내가 순전히 지갑의 힘에 의존해서 아버지 노릇을 하고 있었다는 사실이었다. 바로 그 지갑이 없는 상황에서 나는 단 한 시간도 아버지 노릇을 제대로 할 수 없었던 것이다. 그 동안 내가 아이들과 함께 보낸 시간들을 찬찬히 되돌아볼수록 이 사실은 더욱 분명해졌다. 저녁에 집에 들어서는 아빠를 보면서 아이들이 제일 먼저 묻는 것은 "선물 있어?"이고 어딘가 같이 가자고 하는 것은 무언가 살 것이 있을 때이다. 결국 나는 '소비'라는 행위를 통해서 아이들과 관계를 맺어왔다고 해도 과언이 아닌 것이다.

아버지 노릇을 하는 데 있어서 지갑의 힘은 무시할 수 없는 것이다. 어쩌면 그것만큼 아버지의 위신을 확실히 세워주는 것이 없다 해도 틀린 말이 아니다. 그러나 그것은 아버지 노릇을 하기 위한 필요조건이지 충분조건은 아니다. 그런데도 나를 포함한 너무 많은 아버지들이 지갑의 힘을 아버지의 권위로 착각하고 지내왔던 것은 아닌지… 만약 이것이 사실이라면 오늘날 아버지의 권위가 실종된 원인이 바로 여기에 있는 것은 아닐까?

청소년들과 상담을 하다가 아버지에 대해 물어볼 때가 있는데 참으로 놀라운 것은 대부분의 청소년들이 자기 아버지에 대해 잘 모른다는 사실이다. "그냥 회사 다니시는데요", "지방에 계셔서…" 심지어는 "뭐 하는지는 모르지만 항상 바쁜데요"까지 아버지들은 너무나 낯선 존재들이다. 이런 이야기를 들으면서 나는 아이들이 원하는 것을 들어주기 위해 지갑을 열고 카드를 긁는 데만 열중했을, 그러면서도 정작 중요한 것은 잊어버린 나와 같은 이 시대 아버지들에게 연민의 정을 느낀다. 하지만 누구를 탓할 것인가? 자업자득인 것을.

나는 어렸을 때, 아버지가 돈 쓰는 모습보다 일하는 모습을 더 자주 보았다. 아버지는 말씀이 없으셨지만 땀 흘려 일하는 모습으로 더 많은 이야기를 들려주셨다. 아버지는 아버지의 삶 자체를 보여주셨고 그 안에서 내가 아버지를 만날 수 있게 해주셨다. 나는 우리 아버지가 결코 특별한 분이라고 생각하지 않는다. 지갑이 넉넉하지 않던 시절, 어디서나 쉽게 만날 수 있는 너무나 평범한 보통의 아버지였을 뿐이다. 역설적이게도 그 시대 우리의 아버지들은 지갑이 얇았기에, 삶이 고단했기에, 그리고 그런 초라한 모습을 감출 수 있는 각자의 방이 없었기에 아버지의 권위를 유지했던 것은 아닌지 모르겠다. 그때는 적어도 한 인간으로서의 아버지를 만날 수 있었으므로….

이제 결론을 말할 때가 된 것 같다. 잃어버린 권위를 찾고자 하는 이 땅의 아버지들이여, 지갑의 권능에 더 이상 미련을 갖지 마시라. 그리고 돈 쓰는 모습보다 일하는 모습을 보여주시라. "너, 뭐가 필요하니?"만 묻지 말고 "요즘 집에 이런 일들이 있는데, 네 생각은 어떠니?"도 물어보시라. 당신의 삶이 힘들수록, 당신의 고민이 깊을수록 아버지로서의 존재는 확고해질 것이다. 권위, 그것은 진솔한 만남에서 생기는 것이니까.

우리 아이가 알려준 것들

✦ 이호준 : 한국청소년상담원

언젠가 의사 친구가 이런 말을 한 적이 있다. "의사 자식도 아플 수 있잖아? 그런데 우리 아이가 아프다고 하면 사람들은 대뜸 '아니, 아빠가 의산데…' 라고 한단 말이야." 사실 이런 푸념이 의사만의 몫이겠는가? 어느 직업에 종사하는 사람이든, 가장 곤혹스러운 순간은 바로 자신의 일과 자신의 가족이 겹쳐지는 순간일 것이다. 나 역시 예외는 아닌 것 같다. 명색이 청소년 상담을 업으로 삼고 살지만 막상 우리 아이들과 부대끼면서 '내가 상담자 맞나?' 라는 회의가 들 때가 한두 번이 아니기 때문이다.

　최근에 있었던 일이다. 초등학교 2학년인 작은 딸아이가 다음날까지 구구단을 외워 가야 한다고 하면서도 계속 딴 짓만 하는 것이

영 신통치가 않아 보였다. 그래서 처음에는 '알아서 하겠지' 하면서 지켜보던 나와 아내도 슬슬 걱정이 되기 시작했는데 급기야는 조금 더 마음이 급한 아내가 팔을 걷어붙이고 나서게 됐다. "너 이리 와서 앉아봐. 그리고 2단부터 소리 내서 외워봐." 이 다음부터 집안 분위기가 어떻게 돌아갔을 것인지는 굳이 길게 설명 안 해도 짐작할 수 있을 것이다. 아직 9시 뉴스도 안 끝난 시간에 아내는 방문을 닫고 들어가버리고 아이들은 둘 다 죄지은 사람처럼 이불을 푹 뒤집어쓰고 억지로 잠을 청하는 것으로 상황은 대충 마무리되었지만 그것을 지켜보는 내 심정은 난감함과 착잡함 그 자체였다. "아, 우리 집도 별 수 없구나."

그렇다고 그냥 잘 수도 없는 노릇, 나는 우선 작은아이의 마음부터 달래주어야겠다고 생각했다. 그러고 보니 자녀와 갈등을 겪고 있는 부모들을 상담하면서 늘 이렇게 말해오지 않았던가? '무엇보다 중요한 것은 자녀의 마음을 이해하는 것입니다. 그러기 위해서는 진솔한 대화가 필요합니다.' 이제 내가 그것을 실천할 차례가 된 것이다.

자는 척 누워 있는 작은아이의 옆에서 나는 이렇게 말을 꺼냈다. "구구단 외우는 게 많이 힘들지?" 작은 아이는 얼굴도 내밀지 않고 "응!" 하더니 훌쩍거리기 시작했다.

"많이 속상했구나."

"응."

"처음에는 다 그렇게 힘든 거야. 아빠도 처음 구구단 외울 때 얼마나 힘들었는지 몰라."

"정말?"

아이는 울음을 그치더니 옛날이야기 들을 때와 같은 표정으로 나를 쳐다보았다. '야, 성공이다. 이제 조금만 더 하면 되겠다.' 나는 속으로 쾌재를 불렀다.

그런데 아이와의 대화가 이상한 방향으로 흐르기 시작한 것은 바로 이 순간부터였다.

"아빠도 너처럼 잘 안 외워질 때가 있었는데 그럴 때는 차라리 일찍 자는 게 나아. 그러니까 구구단 생각은 하지 말고 그냥 편안하게 자. 아마 내일 아침이면 더 잘 외워질 거야."

"응, 알았어. 그런데 아빠가 내일 아침에 좀 일찍 깨워줘."

여기서 멈췄으면 좋았을 것을, 나는 내가 원하는 말을 듣고 싶었다. 그래서 "왜? 일찍 일어나서 뭐 하려고?"라고 물었고, 이제 아이가 "응, 오늘 못 외운 구구단 외우려고"라고 하기만 하면 되는 것이었다. 그러나 우리 아이는 이런 부모의 기대를 알아차리기에는 너무 어렸다.

"응, 내일 아침 친구들이랑 학교에서 줄넘기 가지고 놀기로 했거든."

아니, 이게 무슨 뚱딴지같은 소리란 말인가? 구구단 때문에 난리가 난 이 마당에 웬 줄넘기? 나는 잠시 할 말을 잊을 수밖에 없었다.

"너는 구구단과 줄넘기 중에서 뭐가 더 중요하니?" 나는 최대한 감정을 억누르고 물어보는 척했지만 말투에는 황당함과 실망감이 잔뜩 배어 있었다. 사실 이런 식의 질문은 힘 있는 사람들이 흔히 쓰는 매우 불공평한 화법이라고 할 수 있다. 상대가 뭐라 답하든 그에 대한 후속공격이 가능하기 때문이다. 구구단이 중요하다고 하면 "그렇게 잘 알면서 지금 줄넘기 이야기가 나오니?"라고 힐난할 것이고, 줄넘기가 중요하다고 하면 "그렇게 혼나고도 아직 정신을 못 차렸어"라며 더 크게 야단을 치는 것이 정해진 순서 아니겠는가. 내가 당할 때는 그렇게도 싫어하던 화법을 나는 부모의 위치에서 그것도 교육을 위해서라는 이유로 꺼내들었던 것이다. 이제 아이에게는 야단맞을 일만 남은 셈인데 과연 아이의 선택은 무엇일까?

"아빠, 화났어?"

아이의 짧은 한마디에 나는 정신이 번쩍 들었다. 아이는 내 질문에 답하는 대신 그 밑에 깔려 있는 감정을 읽어냈던 것이다. 그랬다. 나는 화가 나 있었던 것이다. 겉으로는 '생각을 가다듬게 하는' 질문이었지만 그것은 화나는 감정을 숨기기 위한 위장일 뿐이었다. 만약 아이가 이런 속마음을 읽어내지 못했더라면 나는 계속 기세등등해서 아이를 훈계했을 것이고, 아이는 또 한 번 모든 잘못을 뒤집어쓰고 반성의 시간을 가져야만 했을 것이다. 나는 부끄러웠다. '나 역시 대화를 가장한 일방적 훈계에 젖어 있었구나.' 그리고 아이에게 고마움을 느꼈다. '이 아이가 아니었다면 어디에 내 모습을 비춰

볼 수 있었겠는가? 그래도 한 가지 위안거리는 있었다. '자기가 느
낀 것을 거리낌 없이 말할 수 있어서 참 다행이구나.'

　요즘 웰빙 바람을 타고 요가가 인기라고 한다. 처음 요가를 배우
면서 느끼는 것은 '내 몸이 이렇게 굳어졌는데 그 동안 그것을 모르
고 살았구나' 하는 것이다. 그리고 우리가 쉽게 이야기하는 '바른
자세'가 그냥 나오는 것이 아님을 깨닫게 된다. 혹시 자녀와의 대화
도 이런 것이 아닐까? 나는 자녀와의 대화에 별 문제가 없다고 느끼
면서 살지만 사실은 문제 있는 방식을 고집하고 있는 것은 아닌지,
또 대화법과 관련된 책을 읽거나 강연을 듣는 것만으로 자녀와의
대화가 원만해지리라고 믿지는 않았는지 되돌아보는 것은 어떨까?

우리 집 작은아이가 나도 의식하지 못했던 내 모습을 깨우쳐주었듯이 자녀는 부모의 거울 역할을 한다. 그러니 자녀와의 대화에 목말라 있는 부모들이라면 이제라도 책 대신 자녀를 들여다볼 일이다. 신체의 웰빙을 위해 매일매일 요가를 하는 마음으로 자녀의 말에 귀 기울인다면 '관계의 웰빙'도 얻어지는 것이 아닐까?

part 2
자녀의 문제행동

게임중독 첫 번째 질문 :
저 애가 왜 저렇게 되었나요?

✚ 장재홍 : 중앙대학교

게임중독의 원인은 정말 다양합니다. 잘하는 게 게임밖에 없어서, 게임할 때는 걱정을 안 하니까, 부모들 싸움에 화가 나서, 무료해서, 희망이 없어서, 실연을 당해서 등등 셀 수도 없는 이유들이 있습니다. 하지만 정작 게임중독 청소년의 부모들은 자기 자녀가 왜 게임중독에까지 이르게 되었는지 그 원인을 알지 못합니다.

상담실을 찾아온 부모들은 '그 착하던 애가 성격이 변해서 부모에게 폭언을 한다', '게임을 못 하게 하면 문을 발로 차고 죽겠다고 위협한다' 며 속상해하거나 부모로서 온전하지 못하다고 자신을 자책합니다. 아이와의 첫 상담이 끝나면 얼른 방으로 뛰어 들어와 "아이가 속 이야기를 합니까?" 하며 상담을 신기해합니다.

그럴 때면 나는 게임중독은 대개 부모-자녀 간의 대화가 단절되면서 시작되는 병이라고 말합니다. 물론 부모들은 자녀와의 대화를 원합니다. 아니, 자녀가 중고등학생이 되면서부터 부모는 더 열렬히 대화를 원했다고 합니다. 자녀가 집에 와도 워낙 말을 안 하니 말입니다. 하지만 부모들은 '대화가 안 통한다, 말을 하면 더 답답해진다, 차라리 벽 보고 이야기하는 것이 낫다'는 자녀의 차가운 응답만 들었다고 합니다.

그렇다면 어떻게 상담자는 10여 년 넘게 같이 살아온 부모보다도 더 쉽게 아이와 소통할 수 있을까요? 거기에 대화의 비밀이 있습니다. 그 비밀은 비교적 간단합니다. 상담자는 자신의 생각을 비우고 대화합니다. 게임중독의 험악한 결과, 아이가 했다는 난폭한 행동, 게임중독을 고쳐야 한다는 중압감, 상담의 계획, 심지어 앞에 있는 청소년을 이해해야 한다는 압박감조차도 다 내려놓으려고 애를 씁니다. 다만, 아이가 어떤 처지에 있는가에 관심을 가집니다. 그래서 학교에서는 기분이 어떤지, 집에서는 어떤지, 자기에 대해서는 어떻게 느끼는지를 물어봅니다. 얼마간 그렇게 하다 보면 아이의 고통을 함께 느끼게 되고, 아이도 이해받는다고 느끼는 듯합니다. 그래서 게임중독의 원인도 이해하게 됩니다. 해결 방법 또한 그러한 대화에서부터 나옵니다. 공부에 대해 심하게 걱정하고 있다면 공부 방법이나 그 어려움을 함께 의논하고, 희망이 없다면 자기에게 맞

는 진로를 계획하고, 부모에 대한 미안함이나 화가 많다면 거기에
대해 의논하기 시작합니다.

　이렇게 비교적 간단해 보이는 방법을 부모들은 왜 하지 못할까
요? 아마도 부모들은 아이들이 처해 있는 상황이나 심정을 이해하
려 하기보다는 자녀에 대한 부모 자신의 걱정, 기대, 생각들이 앞서
기 때문인 것 같습니다. '옆집 아이는 저렇게 공부를 잘하는데 우리
아이는…', '세상이 얼마나 험한 곳인데 저렇게 준비도 안 하고 놀
다니', '더 바른 아이로 커야 할 텐데', '게임하는 시간에 공부를 하
면 얼마나 좋을까.' 그렇게 자기 생각과 걱정이 많으면 자녀가 왜

게임을 하고 싶어하는지 부모는 알아차릴 수 없습니다.

대신에 "게임이 그렇게 좋니? 왜 그렇게 좋아? 공부는 힘들어?", "특별히 어려운 것은 없니? 학교에서는 어때?", "친구들 못 만나서 무료하겠다. 게임하면서 친구들 만나니 좋겠다"라고 말해보십시오. 이러면 대화는 좀 더 수월해지고 자녀는 자기의 처지와 어려움을 말할 수 있게 될 것입니다. 부모의 걱정이나 다른 생각, 다른 감정들을 내려놓고, 다만 자녀를 이해하겠다는 일념으로 30분만 대화해보십시오. 그리고 자녀의 감정을 느끼려고 해보십시오.

자녀를 바르게 이해하는 방법은 이와 같습니다. 어렵습니까? 잘 되지 않습니까? 그렇다면 이제 부모가 상담을 받아야 할 차례입니다. 당신의 사랑하는 자녀와 대화가 끊겼으니까요.

게임중독 두 번째 질문 :
어떻게 하면 고칠 수 있나요?

✛ 장재홍 : 중앙대학교

온라인 게임이 우리나라에 본격적으로 뿌리를 내린 이후, 많은 상담자와 연구자들이 게임중독을 해결하기 위해 다양한 방법들을 모색했습니다. 이들 방법 가운데 전문가들이 공통적으로 인정하는 한 가지 방법은 게임 대신에 할 수 있는 대안활동을 찾고 그것을 부모가 조력해 주는 것입니다. 그 대안활동에는 수영, 보디빌딩, 태권도 등과 같은 스포츠, 영화나 소설, 댄스 동아리, 그림 그리기와 같은 취미활동도 가능합니다. 물론 이러한 대안활동이 향후 자녀의 진로와 연결되기도 합니다.

그런데 문제는 이러한 자녀의 대안활동을 부모들이 별로 달가워

하지 않는다는 것입니다. 게임중독을 걱정하는 부모의 밑 마음에는 '게임하는 대신 그 시간에 공부를 더 해줬으면' 하는 바람이 대개는 도사리고 있습니다. 그러나 자녀 입장에서는 받아들이기 힘든 타협 방식입니다. 게임을 하는 이유가 놀기 위해서, 공부에 대한 스트레스로부터 해방되기 위해서였기 때문입니다. 상담자가 부모에게 대안활동을 권유하면 세상물정을 모르는 사람으로 취급받고, 그런 부모를 바라보는 자녀는 '역시 우리 부모는 변하지 않는 사람'이라고 독백을 하곤 합니다.

여기에는 사회 전반에 만연해 있는 '인내만이 살 길'이라는 경쟁의 논리가 들어 있습니다. 학생들은 '한 시간 덜 자면 미래의 아내 얼굴이 바뀐다'고 우스갯소리를 하고, 교사는 '대학 가서 하고 싶은 것을 다 하라' 합니다. 부모들은 '지금은 놀고 싶어도 무조건 참고, 참고, 또 참으라' 합니다. 마치 인내만이 경쟁에서 살아남는 최선의 방법인 것처럼 말입니다.

하지만 게임중독은 인내심이 없어서, 놀기 좋아해서 생긴 병이 아닙니다. 게임중독의 본질은 더 이상 속내를 감출 수 없을 정도로 좌절되고 희망이 없고 무기력하다는 것입니다. 그들의 문제는 통제력이 없어서도 아니고 성격이 충동적이어서도 아닙니다. 그들은 아무 희망도 없어 암담하고, 현재의 스트레스가 너무 강해서 고통스럽고, 세상에서는 재미라고는 전혀 찾아볼 수 없기 때문에 게임에 빠져든 것입니다. 비교하기 좋아하는 사람의 눈에는 통제력을 상실하고 미래에 대해 책임감도 없는 사람으로 보일지라도 말입니다.

　대안활동은 활로를 제안하는 것입니다. 스트레스가 많다는 것을 이해하면서 숨 쉴 틈을 주고, 인생의 또 다른 재미를 맛보게 하고, 스스로 뭔가 할 수 있다는 희망을 주며, 자긍심을 가질 수 있도록, 자기의 재능을 마음껏 발휘할 수 있도록 하는 것입니다. 자기를 좋게 느끼면 느낄수록, 더 이완될수록, 희망이 강해질수록 자녀는 자기에게 필요한 것들을 알아차리고 스스로의 길을 나서게 될 것입니다. 그래서 게임은 재미가 떨어져서 안 하는 것이 아니라 시간이 없어서 못 하는 것이 되게 됩니다.

　끈기로 버티는 사람은 좋아서 하는 사람을 당할 재간이 없습니다.

자녀의 스트레스 관리를 위한 부모 역할

✚ 최 영 : 최영정신과

유치원에 다니는 다섯 살 된 K군이 머리가 듬성듬성 빠지는 원형탈모증 때문에 피부과에서 의뢰되었습니다. 아이의 머리가 빠지는 이유가 정신적 스트레스 때문이라는 피부과 의사의 의견을 탐탁지 않게 생각한 K의 어머니는 저를 만나자마자 대뜸 "부모가 먹여주고 재워주고 입혀주고… 만날 놀기만 하는 쪼그만 아이들도 스트레스를 받나요?"라고 물었습니다. 평소 이런 질문을 자주 받아본 적이 있는 저의 답변은 "어머니, 혹시 〈어른들은 몰라요〉라는 동요를 아십니까?"로 시작되었습니다.

그렇습니다. 아이들도 스트레스를 경험합니다. 심지어 갓 태어난

신생아도 스트레스를 받습니다. 산모가 출산 과정에서 받는 것 못
지않다고 합니다. 따뜻하고 안전한 환경에서 살던 당신이 어느 날
갑자기 비바람과 파도가 몰아치는 험한 바다를 항해한 뒤, 아주 낯
선 땅에 홀로, 그것도 아무것도 걸치지 않은 맨몸으로 남겨졌다고
가정해 봅시다. 그런 당신 앞에 알아듣기 어려운 말을 해대는 거인
몇 명이 느닷없이 나타나 당신을 거꾸로 들고 엉덩이를 여러 차례
때린다고 합시다. 그 상황에서 우는 것 말고는 아무것도 할 수 없
고, 자신이 원하는 대로 움직일 수조차 없다면… 당신은 어떤 감정
을 느끼겠습니까?

자녀들도 부모들과 마찬가지로 매일 스트레스를 경험합니다. 끊임없이 주어지는 "이것은 해라, 이것은 하지 마라"는 지시와 금지, "공부해라"라는 말로 상징되는 학업에 대한 부담, 나름대로 노력해도 자신과 주변의 기대에 부응하지 못했을 때 느끼는 좌절, 거울에 비친 자기 몸의 변화, 또래 친구들과의 크고 작은 문제들, 안전에 위협을 주는 주변 생활환경, 부모의 갈등이나 이혼, 가족의 질병이나 사랑하는 사람의 죽음, 이사와 전학, 가족의 경제적 문제들은 아이들에게 스트레스를 유발합니다.

부모들은 다음과 같은 방식을 통해 스트레스를 경험하는 자녀를 도와줄 수 있습니다.

- 평소 스트레스가 자녀의 건강, 행동, 생각 또는 감정에 영향을 주고 있는 것은 아닌지 잘 살펴보십시오.
- 자녀의 말에 주의 깊게 귀를 기울이고, 과도한 부담이 주어지고 있지는 않은지를 관찰하십시오.
- 부모 자신이 스트레스를 적절하게 관리하고 다루는 기술을 배워서 자녀들에게 모범을 보여주십시오.
- 규칙적인 식사와 운동을 하고 건전한 집단활동에 참여하도록 도와주십시오.
- 평소 복식호흡이나 근육이완기법 등 몸과 마음을 느긋하고 편안하게 해줄 수 있는 기술을 같이 배우고 연습시켜 주십시오.

- 효과적으로 자기를 주장하는 기술을 가르치십시오. 지나치게 공격적이거나 그 반대로 소극적이지 않으면서 확고한 태도로 자신의 감정을 적절하게 표현할 수 있다면 부정적인 스트레스를 경험할 가능성이 줄어듭니다.

- 자녀에게 완벽한 결과를 요구하지 않고, 주어진 일을 해낸 것 또는 '충분히 잘했다'는 것에 대해 칭찬하고 긍정적인 감정을 가지도록 노력합니다.

- 적절하게 쉬는 방법도 가르쳐야 합니다. 스트레스가 심한 상황에서 잠깐 휴식을 하면서 음악을 듣고 그림을 그리고 글을 쓰거나 친구와 이야기하고 애완동물과 노는 활동은 스트레스를 줄여줄 수 있습니다.

- 자녀가 긍정적인 방식으로 스트레스를 극복하도록 도와줄 수 있는 또래 관계를 맺고 유지해 나가도록 적극적으로 격려해 주십시오.

- 자주 부모님의 사랑을 표현해 주십시오. 아이의 눈을 바라보고 웃어주는 것, 껴안아주고 다독거려주는 것, 노래해주고 웃어주고 간단한 게임을 해주는 것은 자연스럽게 부모의 사랑을 전달해 줄 것입니다. 자녀가 성장하게 되면 시간을 같이 보내주고 이야기를 들어주고 활동에 같이 참여함으로써 당신의 사랑을 보여줄 수 있습니다.

- 자녀의 성취를 칭찬해 주고 취약했던 부분에서의 작은 발전도

격려해 주십시오. 사소한 단점은 덮어주고 강조하지 마십시오. 그래서 아이로 하여금 자신이 부모에게 인정받고 받아들여지고 있다는 느낌을 갖도록 해주십시오.

좋은 치료자의 자질 중 하나가 환자와 공감(sympathy)하는 능력입니다. 이 sympathy란 단어의 그리스어 어원은 'soun pathein' 인데 '함께 고통을 겪다' 라는 뜻을 가지고 있습니다. 좋은 부모의 자질 중 하나가 '자녀의 스트레스를 함께 겪고 나누는 것' 이라고 말한다면 지나친 주장일까요?

청소년의 이성 교제 :
'나'와 다른 '너'를 발견하고 이해하는 것

✛ 김종휘 : 하자센터 / 노리단 / 문화평론가

아이들이 성인이 되어 살아갈 가까운 미래의 우리 사회에서 가장 필요한 능력이 무엇이겠느냐고 물으면 수많은 학자와 전문가들이 이구동성으로 말하는 두 가지가 있습니다. 그 하나는 어떤 상황에 임해서든 스스로 문제를 대처하고 해결할 줄 아는 능력이고, 다른 하나는 누구하고도 관계를 맺고 잘 이끌어갈 줄 아는 능력입니다. 관계 맺기 능력의 태반이 청소년기에 겪은 또래 관계, 그중에서도 이성과 맺는 관계의 경험에서 비롯됩니다.

동성끼리 맺게 되는 친구관계는 보통은 너와 내가 같다는 사실을 확인하며 동질감을 느끼고, 같은 것을 추구하면서 하나 됨을 고양

시켜 나가는 자아 동일시의 과정으로 이루어집니다. 반면 이성 관계는 잘 관계를 맺을 수만 있다면 나와 성이 다른 너의 생각과 감성을 관찰하고 수용하면서 서로 다르지만 함께 어울리면서 맛볼 수 있는 공존의 지혜를 얻는 과정이며 상호 의존과 이해의 배움으로 이어집니다.

문제는 청소년기 아이들의 시간의 태반이 학업과 입시 위주로 짜여져 있기 때문에 대개의 부모는 아이가 이성 친구를 사귄다고 하면 공부할 시간을 빼앗긴다고 생각하게 되고 그래서 '나중에 대학에 가서 연애하라'고 말합니다. 하지만 연애, 이성과 맺는 관계의 경험을 청소년기에 학습해 보지 않은 아이는 나중에 성인이 되어서 정작 다양한 관계를 맺어나가는 능력이 요구되는 숱한 상황에 처할 때마다 어떤 행동을 취해야 할지 몰라 우물쭈물하게 되고, 이것이 자신감의 결여로 이어지기 쉽습니다.

게다가 요즘 아이들은 부모가 어렸을 과거처럼 부모와 자식이 하루의 태반을 밀착해서 보내는 시간보다는 일찍부터 부모와 아이가 따로 자기 시간을 보내며 성장해 온 경우라서 관계에 대한 욕망이 그 어느 세대보다 강하게 보입니다. 학교에서 가정에서 이성 교제를 전폭적으로 이해하고 지원하지 않는 상황인데도 우리 사회에 넘쳐나는 온갖 '데이' 문화를 생각해 보십시오. 매월 14일이면 아이들은 이성 친구에게 선물을 주고받으며 관계를 확인하고, 만난 지 50일과 100일을 기념하며 축하를 합니다.

어느 모로 보든 이성과 맺는 관계의 경험은 필수적입니다. 중요한 것은 그 경험이 풍부하고 다양하게 관계를 학습하는 것으로 이어지는지, 아니면 독선적이고 일방적인 관계의 반복과 좌절로 점철되는지 하는 점일 것입니다. 이성 교제의 경험이 주는 최고의 선물은 내가 아닌, 나와 다른 너의 발견과 이해입니다. 그러나 적지 않은 경우 어른이든 아이든 이성 교제에서 상대방을 발견하고 이해하기보다는 나를 상대방에 투사해서 내게 부족한 것이나 억압된 것을 충족하려는 방향으로 상대방을 다루기 쉽습니다.

부모로서는 아이의 이성 교제를 걱정하고 반대하는 것보다는 아이가 이성과 맺어나가는 관계의 방식에서 내 아이의 어떤 패턴이 반복되고 있는가를 관찰하는 편이 훨씬 현명할 것입니다. 거기에서는 부모가 아이에게 끼친 관계의 유형이 투사되어 있을 것이고, 그것이 아이가 맺는 이성과의 관계에서 어떻게 재현되는지를 찾아볼 수 있을 것입니다. 이 과정을 파악한 부모라면 아이가 맺는 이성 관계의 경험에 기초해서 아이 스스로 관계 맺기 능력을 한 단계 높여나갈 수 있는 방향과 방법이 무엇인지 이해하게 될 것이고 적절한 조언자가 되어줄 수 있을 것입니다.

만의 하나라도 부모가 아이의 이성 친구나 배우자마저 안내하고 결정할 수 있다는 무의식적인 생각을 갖고 있다면 빨리 버려야 합니다. 가장 불행한 결혼의 하나는 아이 스스로 자기 자신을 알고 있으면서 짝을 찾는 것이 아니라 알고 보니 아이 내면에 자리 잡은 아이의 부모가 아이의 또 다른 내면에 자리 잡은 부모와 결혼하는 것입니다. 청소년기의 아이들이 맺어나가는 이성 관계의 경험에서도 마찬가지입니다. 관계를 맺어본 아이가 관계를 만들어갑니다. 가까운 미래는 그렇게 관계를 맺고 유지하며 발전시킬 줄 아는 사람을 찾습니다.

part 3
학업 및 진로

우리 아이, 공부
집중을 도와주는 방법

✚ 이윤주 : 대구가톨릭대학교

아이들의 공부는 부모들의 스트레스이자 아주 중요한 관심사입니다. 인생에서 공부가 전부는 절대로 아니지만, 아이들은 공부를 통해 자기 미래를 개척할 수 있고 삶을 살아가기 위해 필요한 중요한 덕성들을 몸에 익혀 나가게 된다는 점에서 중요하다고 하지 않을 수가 없지요. 이 글에서는 아이들의 공부 집중을 도와주는 방법들에 대해 이야기해보겠습니다. 공부의 목표를 세우는 것, 집중을 깨뜨리는 주범 중 중요한 두 가지라고 할 수 있는 잡념과 친구들의 반응에 대처하는 방안을 중심으로 이야기하겠습니다.

무엇을 위해 공부하는지를 분명히 해주세요

아이들에게 물어보면, 얻는 것은 부모님의 칭찬, 용돈, 마음의 평화, 뭔가 해냈다는 성취감, 자신감, 장래의 좋은 직업이라는 대답이 나오고, 잃는 것은 놀 시간, 텔레비전 볼 시간, 친구와 보낼 시간, 잠자는 시간, 몸의 건강이라는 대답이 나오더군요.

아이들이 이렇게 생각하게 만들어주신다면 대성공일 겁니다.

"공부를 하면 잃는 것보다는 얻는 것이 더 많구나!"

여러분의 자녀들이 공부를 해서 얻는 것보다는 잃는 게 더 많다고 생각한다면 여러분이 아무리 눈을 부라리고 호통을 쳐서 공부하라고 해도 머릿속에 들어가지 않습니다. 아이가 공부를 해서 얻는 것이 더 값진 것이 되도록 만들어주십시오. 자녀의 연령에 상관없이 공부를 열심히 할 때는 칭찬을 많이 해주시고, 용돈도 보통 때 좀 적게 주시고 공부를 열심히 하면 좀 더 주시는 식으로, 공부를 했을 때 신나는 일이 기다리고 있도록 그렇게 만들어주십시오. 이렇게 하는 데는 구체적이고 일관성 있는 방법이 필요합니다.

잡념이 자꾸 생긴다고 할 때

공부를 왜 해야 하는지는 알겠는데 그래도 막상 공부를 하려고 하면 여러 가지 난관이 앞을 가로막습니다. 그중 가장 큰 원인이 잡념이죠. 아이들이 잡념이 생긴다고 하면 어떻게 해야 할까요? 연령별로 나누어서 생각해 볼까요?

• 초등학생이라면

처음에는 공감해 주고 다음으로는 대처방안을 일러주는 것이 공식입니다. 이렇게 달래 주세요.

"힘들겠다. 지금부터 몇 페이지부터 몇 페이지까지만 공부하고 잠시 쉬도록 하자."

오랜 시간 책상에 앉아 있다고 해서 아이들이 공부를 많이 한 것은 아닙니다. 짧은 시간이라도 얼마나 집중해서 계획한 분량을 완벽하게 해냈는가가 문제지요. 공부하다가 지겨워서 책상에서 일어나면 여태까지는 "야, 도대체 너는 30분을 못 버티니? 그래 갖고 나중에 어른 되면 더 힘든 일은 어떻게 할래? 저렇게 끈기가 없어서 어디 써? 누굴 닮아서 저 모양이야!" 하시던 부모님이 "잠도 오고 공부가 잘 안 되지? 앉아서 공부하느라 수고 많다. 앞으로 몇 페이지만 더 하고 좀 쉬어라. 조금만 더 힘내자, 응? 엄마가 시원한 것 만들어놓을게"라고 다독거려 주시면 아이들이 깜짝 놀라고 감동을 할 겁니다.

이때 아양을 떠시라는 게 아니라 정말로 아이의 힘든 것을 이해해 준다는 표정과 음성이 중요하겠죠. 아양을 떨면 아이들은 공부가 무슨 대단한 것인 것처럼 유세를 하게 될 수도 있으니까 부모님의 생각부터 먼저 정리를 해놓으시기 바랍니다.

'아이의 공부는 아이의 것이고, 다만 나는 부모로서 아이의 공부를 지원해 주는 것이다. 아이의 성적이나 대학 이름이 아이의 것일 뿐 나의 훈장이 아니다' 라고.

• 중고생이라면

잡념이 생긴다고 부모님께 이야기할 정도면 부모 자녀 관계가 튼튼한 편이라고 볼 수 있겠지요? 튼튼한 관계라면 마음을 터놓는 대화가 도움이 됩니다. 대화를 통해 파악하셔야 할 것은 '어떤 활동, 어떤 것에 대한 생각이 공부하려는 마음을 깨뜨리는가?' 입니다.

아이가 한참 공부에 열중하고 있을 때 그 마음을 깨뜨리는 것에는 어떤 것이 있는지 직접 물어보시거나 대화가 안 되는 편이라면 면밀히 관찰해 보시기 바랍니다. 아무래도 모르겠으면 기회가 닿을 때 지나가는 말로 슬쩍 물어보세요. 컴퓨터 게임이나 전자오락의 유혹, 집안의 걱정거리, 부모님의 다투는 소리, 부모님이 형제를 편애하시는 문제, 학교에서의 친구 문제로 고민이 있거나 지나친 과외활동, 즉 교회 일이나 서클 활동에 관련되어 잡념이 자꾸 생기는 경우가 많고 친구가 많아서 전화가 자주 걸려온다거나 하는 것이 공부하려는 마음을 흩어놓을 수 있습니다.

파악이 된 다음에 나누어야 할 이야기는 '그 활동을 줄이고 싫어하는가'에 관한 것입니다.

　예를 들어보겠습니다. 친구의 전화가 오면 아이가 어떻게 생각하든 아랑곳없이 부모님이 먼저 신경질적인 반응을 하시는 경우가 많습니다. 이런 일이 반복되면 처음에 아이가 '자꾸 전화가 와서 공부를 좀 하려면 분위기가 깨지고, 깨지고 하네. 어떻게 하지?'라고 생각했다가도 반항심이 생겨서 악착같이 전화를 걸고 받으려고 하게 되어 부모님과 신경전을 벌이거나 한바탕 소란이 일어나게 됩니다. 전화가 오는 것에 대해 부모님의 가치 판단을 표현하지 마십시오. 중립적인 입장에서 부드러운 목소리로 "전화가 오늘은 좀 여러 통이 온 것 같구나. 전화가 오면 넌 어떠냐? 네 공부에 혹시 방해가 되지는 않니?"라고 물어보세요. 아니라고 하면 "그러니? 다행이구나. 엄마는 옛날에 전화가 자주 오니까 공부하려고 마음을 잡았다가도 흩어지곤 하더라구. 역시 우리 딸(아들)은 엄마보다 의지가 강하구나"라고 칭찬을 해주고 그냥 자기 방으로 들여보내세요.

　다음에 한 일주일 지나서 그런 일이 생기면 다시 한 번 좋은 낯으로 이야기를 건네보십시오. 전화기를 너무 오래 붙잡고 있으면 "너, 그래 갖고 공부는 언제 하니?"가 아니라 "통화는 간단히 합시다. 여기 너만 사는 것 아니잖니. 엄마나 아빠한테 전화가 올 수도 있는데 혼자서 독점하고 있으면 중요한 전화를 못 받아요" 하고 공부 이외의 근거를 대서 통화 시간을 줄이도록 하세요.

다행히 결국은 그런 활동에 드는 시간을 좀 줄여봐야겠다고 자녀 스스로가 말하게 되면 엄마가 협조하겠다고 하시고 아이의 의견을 먼저 물어보세요. 역시 아이의 의견을 존중하셔야 합니다. 어떤 의견이든 좋은 의견이라고 먼저 칭찬해 주신 다음에 그것을 보완하는 의견을 제시하시거나 "이런 것은 어떨까?" 하고 조심스럽게 부모님의 의견을 제시하십시오. 어쨌든 최종 결정은 아이가 하도록 해야 아이가 책임감을 느끼면서 지키려고 애쓰게 됩니다.

일단 정착하는 단계까지는 잘 안 되더라도 야단을 치시지 말고 못 지킨 것에 대해서는 무심하게 넘기시고 "내일부터 다시 잘해보자"라고 말씀하시고 잘한 것은 단 하루라도 잘 지켜낸 것에 대해 아낌없는 칭찬을 해주세요. 보통 부모님들은 자기 자녀들에 대해서는 인내심이 부족한 경우가 많더군요.

자식 농사는 평생 농사입니다. 힘들더라도 참을성을 가져야 합니다.

친구들의 반응이 두려운 경우

부모들은 잘 모를 수 있지만, 친구들이랑 잘 놀고 함께 시간을 보내던 자녀가 마음을 잡고 공부를 하기 시작하면 친구들에게서 여러 가지 형태의 압력이 들어옵니다.

"야, 너 변했구나, 인간이…."

"그래, 얼마나 잘되나 두고 보자."

"너 왜 티내고 그래?"

"너는 공부나 해, 우리랑은 손 끊자구."

이러한 비난과 소외를 겪게 될 수도 있습니다. 사람은 사회적 동물입니다. 그 어떤 압력보다도 친구들로부터의 따돌림은 아이들에게 가장 큰 위협이고 두려움입니다. 이러한 압력은 어른들의 입장에서 생각하면 무시해도 될 우스운 것들이지만 아이들에게는 그렇지 않다는 것을 이해하시고 자녀들이 잘 대처해 나갈 수 있도록 도와주시는 것이 필요합니다.

자녀의 독서습관을 점검해 보세요

✚ 남미영 : 한국독서교육개발원

자녀의 '독서 이력서'를 받아보라

모든 약이 모든 사람에게 똑같이 필요하지 않듯이 책도 마찬가지이다. 대상에게 맞아야 한다. 예를 들면 책을 싫어하는 아이인지, 좋아하는 아이인지, 만화만 읽는지, 과학책만 읽는지에 따라 읽으면 좋을 책이 따로 있다.

또 얼렁뚱땅 읽거나 대충대충 읽는 아이에게 읽힐 책과 생각하며 정독하는 아이에게 읽힐 책은 따로 있으며 마음이 들뜬 아이에게 읽힐 책과 안정된 아이에게 읽힐 책이 따로 있다. 그래서 책 좋아하는 자녀로 만들기 위해서 가장 먼저 해야 할 일은 자녀의 독서 이력

서를 검토하는 것이다. 아이에게 약을 먹일 때 먼저 진찰을 받아야 하는 것처럼 독서 교육을 시작하려면 그 동안 읽은 책의 양과 종류와 읽기 스타일을 알아보아야 한다.

이력서가 사람의 살아온 과거를 보여주듯 독서 이력서는 그 사람이 이제까지 읽어온 책의 내용과 읽기 방법을 보여준다. 즉, 독서 이력서에서는 그 사람의 생각이 보이고 가치관이 보이고 꿈이 보인다는 점에서 독자의 정신의 내용이자 지도라고 말할 수 있다. 그래서 독서 교육을 시작하려는 부모님이나 선생님은 먼저 어린이의 독서 이력을 알아보아야 한다.

독서 이력서 쓰는 방법

- 자녀에게 종이를 주고 이제까지 읽은 책의 제목을 다 써보게 한다.
- 책 제목 옆에다 주인공의 이름을 적게 한다.
- 주인공 이름 옆에다 이야기의 내용을 한 문장 정도 적게 한다.
- 독서 이력서는 한가하고 편안한 시간에 써야 한다. 토요일이나 일요일이 좋다.
- 독서 이력서는 자녀 혼자서 작성하게 한다. 부모님이나 형제가 옆에서 참견하면 정확한 결과를 얻을 수 없다.

독서 이력서 해석하기

- 자녀가 책 제목을 몇 권이나 썼는지 세어본다. 그곳에 쓰인 책들이 자녀가 기억하는 책들이다. 읽었지만 제목을 쓰지 못한 책은 얼렁뚱땅 읽어서 머릿속으로 들어가지 못하고 흘러가버린 책이다. 즉, 눈으로는 읽었어도 두뇌로는 읽지 않은 책이다. 어머니가 양적 독서를 권했을 경우에 이런 현상이 생긴다.
- 무슨 책의 제목이 가장 많은지 찾아본다. 위인전, 세계명작, 전래문학, 역사, 순수문학, 명랑, 마법 판타지, 하이틴 로맨스, 폭력 등. 이 중에서 가장 많은 숫자가 나온 분야가 지금 자녀의 정신과 가치관을 지배하고 있다.

- 책의 제목은 썼는데 주인공이나 내용을 쓰지 못한 책의 숫자를 세어본다. 책 제목, 주인공 이름, 내용의 비율이 1:1:1이라면 무척 꼼꼼히 읽고 재미있게 읽고 생각하며 읽는 모범 독자이다. 그러나 책 제목과 주인공 이름의 비율이 3:2:1 정도라면 대충대충 읽는 스타일이다. 이런 습관이 계속되면 교과서도 대충대충, 시험지도 대충대충 읽게 되어 공부에 심각한 문제가 발생하게 된다.

대충대충 읽는 아이들

- 원인 : 대체로 독서란 곧 '줄거리 읽기'라는 안일한 생각과 습관이 굳어진 아이들이다. 이런 아이들은 읽으면서 상상하고 읽으면서 추리하고 주인공과의 동일시를 통하여 울고 웃는 경험이 일천하다. 그래서 스토리 찾기에 급급한 경우이다. 아이가 스스로 들인 습관이라기보다는 부모님이나 교사가 줄거리 읽기, 혹은 빨리 읽기를 강조한 경우가 많다.
- 치료 : 독서의 즐거움에 줄거리 찾기만 있는 것이 아니란 것을 알게 하면 자연히 사라지는 가벼운 문제이다. 상상하는 즐거움, 추리하는 즐거움 비판하는 즐거움을 알려주어야 한다.
  예) "링컨은 복사뼈가 쑥 나오는 바지를 입고 다녔습니다."
  이 문장을 대하는 아이들은 생각하게 된다. 가난하구나, 키가

컸구나, 수수했구나, 부모님을 조르지 않았구나, 말랐구나…. 이런 생각을 하게 되면 아이들은 빨리 읽지 못한다. 빨리 읽는 것보다는 생각할 수 있는 문장, 생각할 수 있는 책을 제공하는 일이 급선무이다.

오랫동안 공부해도 성적이 오르지 않는 아이들

- 원인 : 독해능력 부족 현상이다. 독해능력 중에서도 어휘력, 이해력, 요약능력, 분석능력이 부족한 경우가 많다. 어휘력이 부족하면 내용 이해가 불충분하고, 따라서 읽은 내용을 요약하기가 어려워진다. 따라서 하루 종일 공부해도 머릿속에 저장되는 내용이 적다. 또 저장되었다 해도 분석력이 부족한 상태에서 저장한 내용은 뒤죽박죽으로 저장되어 시험시간이나 발표시간에 다시 꺼내려 할 때에 필요한 내용을 꺼낼 수가 없게 된다. 독해력이 낮은 이런 학생들은 문제의 의도를 정확하게 파악하지 못해서 엉뚱한 답을 쓰는 경우가 많다.
- 치료 : 가장 먼저 할 일은 어휘력 향상이다. 어휘력이 부족하면 어떤 공부도 잘할 수 없다. 그러나 사전을 외우는 식의 어휘 공부는 아이들을 질리게 한다. 어휘력 향상 작전에는 첫째, 책을 읽는 중에 자연스레 길러지는 어휘력이 있고, 특별 프로그램을 통하여 놀이처럼 익히는 어휘력이 있다.

5분만 되면 정신이 딴 데로 쏠리는 아이들

- 원인 : 집중력이 빈약한 현상이다. 집중력이 빈약하면 책을 읽고도 중심 생각을 뽑아낼 수 없으며 오랫동안 공부해도 성적이 오르지 않는다. 이런 현상을 오랫동안 방치하면 주의가 산만한 아이가 되어 자신은 물론 같은 반 친구들, 선생님께 심각한 피해를 끼치게 된다.

- 치료 : 가장 좋은 방식은 아이가 흥미를 가지는 책에 푹 빠지게 하는 일이다. 책에 푹 빠지게 되면 집중력은 자연스레 길러진다. 엄마가 지도할 수 있는 방법으로는 동전 쌓기, 젓가락으로 콩 줍기, 숨은 그림 찾기 등의 집중력 훈련이 있다.

알맹이 없는 독후감을 쓰는 아이들

- 원인 : 저자가 전하는 이야기는 이해했지만 자신의 것으로 만들지 못했을 때 이런 현상이 일어난다. 상상력, 추리력, 판단력, 창의력, 문제 해결능력이 부족한 아이들은 책 줄거리만 쓰고 나면 쓸거리가 없어진다. 그것이 바로 알맹이 없는 독후감이며 현재 가장 많이 일어나는 현상이다.

- 치료 : 줄거리 읽기 중심이 아닌 심층독서, 감상독서, 비판독서를 시도하게 한다. 그런 훈련은 혼자 하기보다는 어머니나 교사의 지도를 받는 것이 좋다. 즉, 한 권의 책을 읽고 토론을 통

하여 생각을 키워가는 독서 훈련이다. 혼자 하기보다는 3~5
명의 어린이들이 함께 하는 것이 이상적이다.

슬픈 장면을 읽는데도 눈물이 나오지 않는 아이들

- 원인 : 상상력의 부족일 경우가 많다. 상상력이란 주인공과 독
  자를 감정적으로 연결 짓는 고리의 역할을 해준다. 그러므로
  상상력이 부족한 어린이는 책을 읽을 때 주인공과 남남 사이가
  되어 주인공이 슬픈 일을 당해도 맨숭맨숭할 수밖에 없다. 상
  상력이 풍부한 어린이라 해도 수준이 너무 높은 책을 읽을 때,
  빨리빨리 읽을 때, 줄인 다이제스트를 읽을 때 이런 현상이 일
  어난다.
- 치료 : 가장 좋은 방법은 동요, 동시, 동화를 많이 읽는 것이다.
  읽을 때는 빨리 읽거나 건성으로 읽지 않고 천천히 상상하며
  읽는 것이 중요하다. 작품 속의 날씨나 장면을 상상하고 주인
  공의 얼굴, 옷차림, 목소리를 상상하고 마음을 상상하며 읽으
  면 자연스럽게 주인공과 동일시가 일어난다. 다이제스트는 세
  부 묘사가 생략된 줄거리 중심의 책이기 때문에 상상력이 풍부
  한 어린이라 해도 상상력을 동원하기가 어렵다.

집중력을 높이는 5단계 대화법

✚ 이명경 : 한국집중력센터(주)

민효는 수학 문제집을 펼쳐 놓고 공부를 하고 있다. "함수는 참 어렵군. 선생님께서 함수를 잘하려면 그래프를 먼저 그리고 문제를 풀라고 하셨지. 이건 2차 함수니까 그래프 모양은… 역시 이렇게 푸니까 문제가 훨씬 쉽게 느껴지는군. 좋아. 다음 문제!"

정민이도 같은 문제집을 펼쳐 놓고 있다. "아이~ 수학은 정말 싫어. 이런 건 도대체 누가 만들었을까? 수학 없는 세상에서 살고 싶다. 어휴~ 내일은 학교에 뭘 입고 가지? 아! 게임하고 싶다."

민효와 정민이는 지능지수도 비슷하고 공부하는 시간도 비슷하지만 실제로 공부를 하는 양과 성적은 큰 차이가 있다. 민효는 한번 공부를 시작하면 처음 계획한 양이 끝나야만 자리에서 일어나지만 정

민이는 수시로 방을 들락거리며 딴 짓을 하느라 시간을 허비한다.

민효와 정민이의 집중력 차이는 평소 자기 자신과 나누는 언어습관의 차이 때문에 나타난다. 우리는 입 밖으로 소리 내지는 않지만 속으로 자기 자신과 이야기를 나누는데, 이것을 혼잣말 혹은 속내말이라고 한다. 민효는 공부를 할 때 공부와 관련된 혼잣말을 많이 하는 반면, 정민이는 공부와 관련되지 않은 혼잣말을 많이 한다. 그래서 민효는 현재 하고 있는 공부에 집중하고 빨리 끝낼 수 있지만 정민이는 지금 해야 하는 공부 이외의 다른 생각에 쉽게 빠져 집중력이 떨어지는 것이다. 정민이의 집중력을 높이기 위해 현재 하고 있는 과제와 관련된 혼잣말을 많이 하도록 하는 집중력 교육이 필요하다.

자녀가 공부할 때 공부와 관련된 혼잣말을 많이 해서 높은 집중력을 발휘하도록 하기 위해서 부모는 어떻게 하는 것이 좋을까? 평소 자녀와 나누는 대화의 방식과 내용을 바꾸면 된다. 부모의 대화습관이 바뀌면 자녀의 대화습관도 바뀌게 되고, 자녀의 혼잣말 습관도 바뀌게 된다. 공부를 할 때 공부와 관련된 혼잣말을 많이 하도록 하기 위해서는 부모는 과제와 관련된 질문을 자녀에게 던지되 자녀 스스로 가능한 많은 답을 생각해서 대답하도록 대화습관을 바꾸어야 한다. 과제와 관련된 질문은 문제 정의 → 계획 수립 → 중간 점검 → 끝난 후 점검 → 칭찬의 5단계로 구분된다.

1단계 : 문제 정의 "무엇을 해야 하지?"

문제 정의는 공부를 시작하기 전에 "무엇을 해야 하니?" "풀어야 하는 문제가 뭐니?" "해야 할 게 무엇과 무엇이니?" 등의 질문을 하는 것이다. 많은 아이들이 무엇을 해야 하는지 스스로 결정해서 하기보다는 엄마나 선생님이 시키는 대로 하는 것에 익숙해져 있기 때문에 처음에 이런 질문을 받으면 대답을 잘 못 한다.

아이가 선뜻 대답을 못 한다고 해서 아이가 무엇을 해야 하는지 모른다고 단정을 짓고 엄마가 대신 말해주어서는 안 된다. 아이가 대답할 때까지 충분히 기다려주면서, "오늘 숙제가 뭐야? 학원 가

기 전에 해야 되는 건 없니?"와 같은 질문을 통해 약간의 힌트를 줄
수 있다.

2단계 : 계획 수립 "어떻게 해야 할까?"

무엇을 해야 하는지가 결정되면 어떻게 하면 그것을 더 잘할 수 있
을까를 질문한다. "오늘은 숙제 하는 데 시간이 얼마나 걸릴 것 같
으니?" "보통 너 문제집 한 장 하는 데 몇 분 걸리지?" "영어 테이프
는 20분짜리지? 듣고 나서 문제까지 푸는 데는 얼마나 걸리니?" 등
의 질문을 통해 각 활동별 소요시간을 예상하면서 계획을 세우고
효율적인 방법을 찾도록 한다. 간혹 아이가 "글쎄, 해봐야 알 것 같
은데요"라고 말하거나 "모르겠어요"라고 말하는 경우가 있는데, 이
때는 정확하지 않더라도 대충 시간을 예상해 보자고 하거나 엄마의
예상 시간을 알려줄 수 있다.

3단계 : 중간 점검 "어떻게 하고 있지?"

해야 할 것이 무엇이며 어떻게 할지를 결정한 후에는 실제 활동에
들어간다. 그 활동은 책을 읽는 것일 수도 있고, 문제집을 푸는 것
일 수도 있으며, 숙제를 하는 것일 수도 있다. 일단 활동이 시작되
면 아이에게 말을 걸지 말고 아이 스스로 주어진 과제를 마치도록

하는 게 제일 좋다.

하지만 아이가 처음의 계획과 다르게 문제에 접근하거나 딴 생각으로 빠져 있는 것처럼 보일 때에는 "네가 잘 하고 있는지 스스로 점검을 하면서 하고 있는 것 같은데… 그렇지?" "좀 전에 세운 계획대로 하고 있는 거라고 믿어" "지금 네가 무엇을 하고 있는지 생각하면서 하면 집중력이 높아진다더라" "혹시 점검하는 것을 빼먹지는 않았니?" 등의 말로 아이가 중간 점검을 잊지 않도록 이끌 수 있다.

4단계 : 끝낸 후 점검 "어떻게 했지?"

집중력이 낮은 아이들은 공부나 과제를 시작하는 것도 힘들어하지만 끝낸 후 점검하는 것도 힘들어한다. 그래서 빠뜨리거나 엉뚱한 답을 써놓고도 확인할 생각을 하지 못한다. "어떻게 했지?"는 과제를 끝낸 후에 제대로 했는지, 실수한 게 없는지, 빠뜨린 것은 없는지 확인하는 습관을 길러주기 위한 질문이다. 4단계 대화는 책을 덮고 일어나기 전에 다시 한 번 살펴보는 습관을 길러서 알고도 틀리는 안타까운 상황을 줄이는 데 도움이 된다.

아이가 책을 덮고 다른 활동을 시작하기 전에 잠깐 책상 옆으로 가서 공부한 것을 한번 얘기하도록 할 수도 있고 연습장에 요약해 보도록 지도할 수 있다. "혹시 실수한 게 없는지 한번 살펴보고 책을 덮으면 어떨까?" "빠뜨린 것은 없는지 모르겠네? 점검해 봤니?"

"공부한 내용을 엄마한테 한번 설명해 줄래?" "오늘 공부한 것 중에서 가장 중요한 것은 무엇이니?" 등의 질문이 도움이 된다. 아이가 너무 많은 것을 빠뜨리거나 건성으로 한 것처럼 보여도 절대 화를 내거나 야단을 쳐서는 안 된다.

5단계 : 칭찬과 격려하기

모든 과정이 끝난 후 꼭 해야 할 것이 칭찬이다. 집중력은 자신감과 밀접한 관련이 있다. "잘했어. 네가 열심히 하니까 참 보기 좋구나!" 혹은 "괜찮아, 다음번엔 더 잘할 수 있을 거야"라고 말하는 것은 아이의 자신감을 기르는 데 도움이 된다. 칭찬을 아끼지 말아야 집중력도 높아진다.

집중력의 세 박자 –
정보처리능력, 의지, 주의력 높여주기

✚ 이명경 : 한국집중력센터(주)

집중력은 정보처리능력, 의지, 주의력의 삼박자가 고루 갖추어져야
나타나는 능력이다. 때문에 자녀의 집중력을 높이기 위해서는 위의
세 가지 요소 중 자녀에게 부족한 것이 무엇인지를 확인하고 부족
한 부분을 채우도록 도와주어야 한다. 먼저 정보처리능력은 지능이
나 언어발달, 이전 학습 경험 정도에 따라 달라진다. 자신의 정보처
리능력에 비해 너무 어려운 공부를 계속해야 할 때 집중력은 낮아
지기 때문에 아이가 특히 집중하지 못하는 과목이나 분야가 있다면
그것이 현재 아이의 정보처리능력에 비해 지나치게 어렵거나 반대
로 너무 쉬운 것은 아닌지 확인해야 한다. 지나치게 어려워서 집중

을 못 하는 경우라면 과제의 수준을 낮추거나 효과적인 공부 방법으로 가르쳐야 하며, 지나치게 쉬워서 흥미를 잃고 있다면 반복을 멈추고 높은 수준의 과제를 제시하여야 한다. 그런데 높은 집중력을 발휘하기 위해서 반드시 높은 정보처리능력이 필요한 것은 아니다. 같은 나이 또래의 아이들과 비슷한 평균 수준의 정보처리능력만 있으면 집중력을 발휘하는 데는 큰 문제가 되지 않는다. 자신의 정보처리능력에 비해 지나치게 어려운 문제를 지속적으로 만나는 경우에는 집중력이 당연히 떨어질 수밖에 없지만, 여러 문제 중에 한두 개의 어려운 문제를 만나는데도 공부에 집중을 못 한다면 정보처리능력보다는 의지의 문제가 더 큰 영향을 미치는 것이다. 높은 집중력을 발휘하기 위한 의지는 심리적으로 안정되어 있고 자기 자신과 주변 사람들에 대한 믿음이 있을 때 나타난다. 그러므로 부모는 아이가 정서적으로 안정되고 편안한 느낌을 가질 수 있는 환경을 만들어주어야 한다. 부모가 자주 큰 소리로 싸움을 하거나 아이에게 야단을 많이 치게 되면 아이는 만성적인 불안과 스트레스를 겪게 된다. 공부를 더 열심히 하게 만들기 위해 '공부를 못하면 미래에 낙오자가 될 것'이라고 겁을 주거나 '성적이 떨어지면 좋아하는 것을 못 하게 할 것'이라고 위협을 하는 것 역시 아이의 불안감을 증폭시켜 오히려 집중력을 떨어뜨린다. 그리고 그런 위협은 아이가 커갈수록 부모를 불신하고 반항하는 원인이 되기 때문에 피해야 한다. 불안한 상태에서는 집중력을 높일 수 없으므로 집중력 높은 아이를 원한다면 우선 집안 분위기를 따뜻하고 안정감 있게 만들어야 한다. 또한 미래에 일어날 일에 대해 미리 언급해 주는 것이 심리적 안정에 큰 도움이 된다. "10분 후에는 게임을 끄고 밥을 먹자", "이번 주말에는 할머니께서 오실 거야" 등 일상생활에서 일어나는 일들에 대해서 미리 언급하여 심리적인 준비를 할 수 있도록 하는 것이다. 아이가 게임을 하고 있을 때 알아서 끝내겠지 하는 마음에 아무 말 않고 기다리다가 끝내 부모가 폭발해서 큰 소리를 치는 경우가 종종 있는데, 이 경우 아이는 자신의 잘못을 느끼기보다는 부모가 변덕스러워서 부모의 장단을 맞출 수가 없다고 느끼기 쉽다. 부모가 앞으로 취할 행동에 대해 미리 언급하고 말한 대로 실천하는 모습을 일관성 있게 보일 때 아이는 자신에게 일어날 일들을 예측하고 그것에 맞추어 행동하는 습관을 기르면서 안정감을 얻게 된다. 한편, 많은 아이들이 익숙하고 쉬운 과제보다는 새롭고 힘든 과제를 해야 할 때 특히 더 산만한 행동을 보이는데 이것은 자신감 부족인 경우가 많다. 자신이 어떤 과제를 잘 해낼 능력이 있다는 믿음이 적기 때문에 선뜻 도전하지 못하고 조금만 어려운 문제를 만나면 쉽게 포기하게 된다. 그런데 아이들이 자기 자신에 대한 믿음, 즉 자신감을 갖는 것은 부모의 말과 태도를 통해서 형성된다. 부모가 아이의 현재 모습에 만족하고 더 좋은 모습으로 성장할 것이라는 믿음을 가지고 있을 때는 아이의 좋은 행동에 긍정적인 관심을 보이고 칭찬도 아끼지 않게 된다. 하지만 부모가 아이의 현재 모습에 불만족하고 걱정스러워하면서 혹여 나중에 더 뒤떨어지지 않을까 걱정스러운 마음으로 아이를 대하면 아이의 작은 실수도 날카롭게 지적을 하며 야단을 치게 된다. 그러면 아이는 더욱 자신감을 잃고 산만한 행동을 지속하게 된다. 아이의 부족한 부분은 못 본 체 넘기고 잘하는 부분에 초점을 맞추어 칭찬을 할 때 아이의 집중력은 높아질 수 있다. 아이의 자신감은 부모의 칭찬에서 나온다는 것을 잊지 말고 자주 칭찬하는 것이 필요하다. 집중력의 마지막 요소인 주의력은 평소의 생활습관과 학습습관에 의해 크게 좌우된다. 식사시간이나 잠자는 시간이 불규칙하고 생활공간이 지나치게 무질서하다면 집중력은 크게 떨어질 수밖에 없다. 공부하는 시간과 장소가 불규칙해서 아무 때나 여기 저기 옮겨 다니면서 공부를 하거나 공부 자세가 올바르지 않은 경우에도 집중력은 떨어진다. 주의력을 높이기 위해서는 과제를 시작하기 전에 예상 시간을 생각하는 습관을 길러주는 것이 좋다. 어떤 일을 시작하기 전에 끝나는 시간에 대한 기대를 갖게 되면 더 집중을 잘하기 때문이다. 숙제나 공부를 할 때 시간이 얼마나 걸릴지 예상하고 그 시간 내에 끝내도록 노력하며, 계획보다 더 빨리 끝낸 경우에는 나머지 시간을 자유롭게 쓸 수 있도록 하는 것이 좋다. 계획대로 열심히 공부해서 시간 내에 공부를 끝냈음에도 불구하고 또 다른 공부를 하라고 하면 그 다음부터는 일부러 공부를 천천히 하면서 시간을 끄는 모습을 보이기 때문이다. 또한 아이들은 어른만큼 정확한 시간감각을 가지고 있지 않아 예상 시간이 틀리는 경우가 많기 때문에 아이의 예상이 틀리더라도 나무라거나 한심하게 생각하지 않아야 한다. 과제가 끝난 후에 다시 한 번 검토해 보는 습관 역시 주의력 향상에 도움이 된다. 주의력이 낮은 아이일수록 산만하고 충동적으로 과제를 하기 때문에 어려운 문제보다 쉬운 문제에서 더 많은 실수를 한다. 책을 덮기 전에 공부한 것을 요약하게 하거나 채점을 하기 전에 수정할 기회를 주면 기억력과 함께 집중력이 높아질 수 있다. 무작정 아이의 집중력만 탓하기보다는 아이의 생활 패턴과 행동을 관찰하고 아이와 꾸준히 대화하여 아이에게 부족한 부분을 찾아 도와주는 것이 현명한 부모의 모습이라고 생각한다.

성격에 따른 자녀 학습지도 방식

✚ 김만권 : 연우심리연구소

성격이란 타고난 것도 있고 환경의 영향을 받아 형성되기도 하며 또한 본인이 잘 알고 있는 것도 있고 전혀 알지 못하는 부분도 있다. 이렇게 복잡하고 미묘한 성격을 파악하는 것은 생각보다 쉬운 일이 아니다. 한 아이가 한 가지 성격만을 가지고 있지 않은 경우가 대다수이다. '학습유형검사'를 통해 아이의 유형별 성격을 파악하는데, 행동형, 규범형, 탐구형, 이상형의 네 가지 유형을 다양하게 조합하여 총 열네 가지 유형으로 나눌 수 있다. 다양하고 세분화된 아이의 성격에 따라 공부법도 천차만별로 달라지는데 아이뿐 아니라 부모의 성격을 함께 파악하고 대처하는 것이 공부 잘하는 길의 첫걸음이 될 것이다. 아이들의 말에, 행동에 귀 기울이다 보면 아이를 알게 되고, 아이가 보이게 되고, 아이가 보이면 아이에게 맞는 공부 방법과 가르치는 방법, 아이가 원하는 방식이 보이는 것이다. 보다 정확한 것은 검사를 한 후 전문가의 상담을 통해 알 수 있지만, 여기서는 크게 네 가지 성향에 근거하여 아이를 살펴보고자 한다.

행동형

부모들이 가장 많이 불만을 가지는 형이다. 공부하려고 의자에 앉자마자 냉장고 문을 열기 위해 부산하게 들락날락거리는 타입이다. 관습이나 규칙에 얽매이기 싫어하고 지시나 통제를 받으면 반발한다. 이런 타입의 학생에게는 겨울방학 계획표를 짜 규칙적으로 실천하라고 백날 말해봤자 쇠귀에 경 읽기다. 일방적인 수업 방식을 매우 싫어하고 소리와 색깔, 움직임이 풍부한 자극적인 분위기에서 공부하기를 좋아한다.

- **학습지도법**

  학습계획을 짤 때 시간보다는 프로젝트 중심으로 짜도록 유도하는 게 효과적이다. 예컨대 '수학 공부 40분 하기' 보다는 '수학 1쪽~10쪽' 과 같은 계획이 효과적이다. 또한 학습시간을 짧게 하고 휴식시간을 길게 하도록 한다. 이 타입의 아이는 놀기 위해서 공부하므로 노는 것을 보장해 줘야 공부를 스스로 열심히 한다.

학습량 자체의 부족으로 중고등학교 단계로 올라갈수록 성적이 떨어질 우려가 있으므로 기본 과목이 어느 정도 수준을 유지할 수 있도록 관리하는 게 필요하다. 학원보다는 과외공부가 이런 타입의 학생에게 적합하다. 또한 진로 지도로 동기부여를 확실히 해줄 때 학습유도가 한결 쉽다.

흔히 성적이 부진하다는 것으로 아이를 야단치기 쉬운데 행동형 아이의 가장 큰 자산은 자신감이다. 자신감을 잃게 하면 모든 것을 잃는 것이다.

규범형

늘 계획적이고 주어진 일을 충실히 하는 등 성실함과 의무감으로 똘똘 뭉친 형이다. 한마디로 부모, 교사가 선호하는 형이다. 이런 타입의 학생들은 계획표를 착실히 실천할 수 있다. 비록 공부의 목적을 몰라도 학생이란 이유 하나를 자각하는 것만으로 그 임무를 완수하고자 노력한다. 이런 학생들은 새로운 것을 배울 때는 조금씩 순차적으로 익히고 반복 학습하는 것을 좋아한다.

• **학습지도법**
규범형인데 아이의 성적이 높지 않다면 학습방식을 몰라서일 가능성이 높다. 시중에 나와 있는 학습전략 서적 등을 참고하여 과목별 학습요령 등을 일러주면 한결 높은 성취도를 보일 수 있다.

탐구형

자신이 좋아하는 과목과 싫어하는 과목 간 편차가 큰 타입의 학생이 흔히 탐구형이기 쉽다. 지식습득에 대한 갈망이 강하고 사회적 현상이나 원리 파악을 집중적으로 파고든다. 머리가 좋고 기초과학, 고급수학 같은 과목에도 서슴지 않고 도전한다.

- **학습지도법**

  논리적으로 설득하는 게 핵심이다. 다른 형이 무조건적인 칭찬에 만족하는 것에 비해 탐구형 아이는 조목조목 논리적으로 따져 평가받는 것을 좋아한다. 공부도 자기만의 요령으로 하고자 해 다른 학습요령에 귀를 기울이지 않는다. 학습보다는 원만한 인간관계를 고려하는 게 학습증진의 전제조건이다. 공부시간을 양적으로 강요하기보다는 질적으로 승부하도록 하고, 다른 아이의 성취도를 정확히 알려줘 자신의 좌표가 어디에 와 있나를 이야기해주는 것으로 충분하다.

이상형

끊임없이 자신에 대한 이해를 갈망한다. 감정이입을 잘하며 표현이 풍부하고 이상주의자인 아이들이 이런 타입에 속한다.

- **학습지도법**

  상호교류가 지도의 핵심이다. 어려우냐 안 어려우냐보다는 내 맘에 드느냐 안 드느냐가 이상형 아이들의 학습접근 태도이다. 따라서 아이의 마음을 살 수 있도록 해야 한다. 무조건적으로 격려를 해줘야 능력을 발휘한다. 성공할 수 있다는 자신감을 북돋워주기 위해 자신만의 전략과목 등을 개발해 주는 것도 한 방법이다.

퀴즈 풀이식 공부,
문제 해결식 공부

✚ 남미영 : 한국독서교육개발원

한 어머니가 중학교 3학년인 딸이 시험공부하는 것을 보니, 눈을 감고 중얼중얼 외우고 있는 내용이, '쌀 몇 그램을 물에 불려 몇 리터의 물을 넣고 끓이면…' 하는 식의 '죽 끓이는 법'이었다. 그런데 잘 외워지지 않는지 딸은 얼굴을 찡그리며 머리를 쥐어뜯더라는 것이다. 이것을 본 어머니가 하도 답답해서 딸에게 말했다.

"애, 차라리 나하고 죽을 끓여보자."

그날, 모녀는 부엌에서 죽을 끓였다. 그런데 불이 너무 강해서 죽이 눌었다. 그래서 남은 쌀을 가지고 다시 한 번 죽을 끓였는데 이번에는 불 조절을 잘해서 죽이 잘 되었다. 며칠 후에 학교에서 돌아

온 딸이 말했다.

"엄마, 오늘 가정 선생님한테 칭찬받았어요. 이번 시험에서 어떻게 하면 죽이 눌고 어떻게 하면 죽이 안 눌은 것까지 쓴 애는 나 혼자뿐이래요."

이 이야기는 필자가 전해들은 내용이다. 줄 치면서 외우는 식으로 하는 공부와 직접 해보면서 실패와 성공을 통하여 배우는 공부의 차이점을 극명하게 보여주는 좋은 예이다. 지금 우리 아이들은 어떤 공부를 하고 있는가?

공부하는 방식에도 여러 가지가 있다. 그중에서 가장 대표적인 것

두 가지가 위의 예문을 통하여 본 암기식 공부와 실제로 해보면서 배우는 방식이다. 죽 끓이는 방법을 외우는 공부가 '퀴즈 풀이식 공부'라면, 어머니와 죽을 끓여보는 공부는 '문제 해결식 공부'라고 할 수 있다.

퀴즈 풀이식 공부는 시험문제로 나올 만한 정보들을 뽑아서 외우는 방식이다. 예를 들면 동학혁명은 몇 년에 일어났고, 그때 동학의 교주는 누구이고 하는 식이다. 순식간에 선다형 시험에 써먹을 수 있는 얇은 지식을 외우는 방식이다. 여기에 비해서 문제 해결형 공부는 '동학혁명은 왜 일어났는가?' '동학혁명은 우리 민족성에 무엇을 주었는가?' '만약에 그때 내가 양반의 자제로 살았다면?' '내가 상민의 자녀로 살았다면?' 등등을 생각하고 탐구하고 판단하는 공부이다.

'퀴즈 풀이식 공부'는 어디서 무엇이 나올지를 모르니까 이것저것을 널리 폭넓게 외우게 되는데, 이런 식으로 공부한 학생들은 입만 열면 데이터가 줄줄 쏟아져 나온다. 그래서 얼핏 보기에는 매우 박학다식해 보인다. 그러나 조금만 주의해 보면 왜 그렇게 되었는지에 대하여 아는 것이 아니라 교과서에 있는 보편적인 결과만 아는 것이다. 사실, 이런 지식은 안다고 할 수가 없는 지식이다. 왜냐하면 이런 지식은 단기 기억 속에 저장되어 일정 시간이 지나면 기억에서 지워지기 때문이다.

그러나 '문제 해결식 공부'는 결과를 암기하는 것이 아니라 원리 이해, 상황 이해 등을 통하여 공부하고 비판력, 추리력을 통하여 새로운 지식을 통찰하게 되기 때문에 공부한 문제에 대해서는 깊고 넓게 알게 되어 오랜 시간이 지나도 잊혀지지 않고 온전한 나의 지식이 된다.

정서지능(EQ)이란 무엇이며
왜 중요한가

✚ 문용린 : 서울대학교

정서지능은 부르는 사람에 따라 다르게 표현된다. 감성지능이라고
도 부르며, 그냥 EQ(Emotional Quotient: EQ)라 부르기도 한다. 학자들은
감성(感性)이라는 말이 갖는 다의성(多意性)과 애매성 때문에 정서지
능이란 말을 더 선호하는 편이다.

EQ 주창자들에 의하면 인간의 행동에 결정적인 영향을 주는 것
에는 IQ와 같은 지적 능력만이 아니라 EQ라 불리는 감정과 정서를
다루는 능력이 있다는 것이다. 다시 말하면, 인간행동의 효율성에
영향을 주는 것 중에는 정서와 감정이라는 것도 있다는 것이다.

예를 들어보자. 아주 훌륭한 양궁선수 또는 사격선수가 있다고 치

자. 평소 연습상황에서 그는 백발백중의 신기(神技)에 가까운 기록을 내고 있었다. 그러나 막상 시합 날이 가까워지자 그는 긴장이 되고 불안해지기 시작한다. 그런 긴장감과 불안이 강해져서 그는 결국 그날 평소의 기록에도 미치지 못하는 저조한 경기를 펼치고 만다.

평소에는 제법 잘하던 국어, 영어, 수학의 문제도 막상 시험 당일에 시험지를 받아들고 나면 눈앞이 캄캄해지고 손바닥에 땀이 촉촉하게 배어나오며 심장이 쿵쿵거려 실력 발휘를 충분히 못하는 학생이 바로 여기에 해당된다. 평소에 쌓아놓은 실력과 그 실력의 발휘는 이런 학생들에게 별개의 차원이 되는 것이다.

인간의 행동은 감정과 정서의 배경하에서 이루어진다. 감정과 정서가 목하 행동하고자 하는 내용이나 방식과 부조화를 이룰 경우, 그 행동의 효율성은 지극히 낮아진다.

어느 외과 의사의 예를 들어보자. 그는 대단히 침착하고 기술이 뛰어난 외과 전문의다. 어느 날 그의 사랑하는 어린 아들이 큰 수술을 받게 되었고, 그는 물론 수술을 자청하여 담당하게 되었다. 그러나 막상 그가 어린 아들을 수술대 위에 올려놓고 수술 칼을 드니 손이 떨리고 눈물이 나며 심장박동이 빨라져서 수술을 실패할 것 같다. 그는 마침내 수술을 포기하고 동료 의사에게 수술 칼을 넘겨준다.

왜 이런 현상이 일어나게 되는가? 바로 감정과 정서가 행동의 배후와 그 기반을 흔들어 방해하고 있기 때문이다. 감정과 정서가 행동의 기반과 배후와 일치할수록 그 행동의 효율성은 커지고, 만약 그 반대라면 행동의 효율성은 크게 낮아진다.

EQ의 매력은 그간의 IQ로서는 설명되지 않았던 궁금증을 풀어줄 기대를 심어준다는 데 있다. IQ는 상당히 높은데도 공부가 시원치 않은 까닭은 무엇인가? 똑똑하기로는 둘째가라면 서러울 정도인데 왜 회사에서는 인정받지 못하는가? 학교에서의 우등생이 사회에서의 우등생이 아니라는 말은 어느 정도까지는 사실이 아닌가?

EQ는 이런 궁금증을 설명하기 위한 새로운 개념 틀이다. IQ가 높아도, 신체 운동능력이 뛰어나도 그것들을 제대로 활용하고 이용하지 않으면 학교 성적이 오를 리 없고 훌륭한 운동선수가 될 리가 없다. 그럼 과연 EQ가 높은 사람은 IQ만 높은 사람보다 더 적응적이고 성공적인가? EQ 연구자들의 주된 관심은 바로 여기에 있다. 즉, EQ가 높으면 무엇을 더 잘하는가를 밝히고자 하는 것이다.

가장 전형적인 EQ 연구의 사례는 '마시멜로 과자 실험'이다. 이미 1960년대에 행해진 연구이지만 EQ 연구의 고전으로 꼽힌다.

네 살짜리 유아를 대상으로 한 이 실험은 마시멜로라는 과자를 제시하고, 먹지 않고 10분 이상 참고 견디면 그 보상으로 한 봉지를 더 주겠다는 제안을 하는 것이었다. 이렇게 참고 견디는 아동은 그렇지 않은 아동보다 만족지연능력(delay of gratification)이라는 EQ 특성이 높은 것으로 간주한다.

이렇게 해서 EQ가 높은 아동과 낮은 아동이 구분된 후에 EQ 연구자들은 두 집단의 아동들을 면밀하게 관찰한다. 만족지연능력이 높

은 아동들은 그렇지 않은 아동에 비해서 ① 공부를 더 잘하는가? ②
인간관계(친구관계)가 더 좋은가? ③ 교사로부터의 평가가 더 긍정적
인가? ④ 부모의 자식에 대한 만족도는 어떤가? 등을 살펴보게 되
는 것이다.

실험에 참가한 네 살짜리 아동들을 그 후 20여 년간 집중적으로
관찰하여 비교한 결과는 상당히 놀라웠다. 우선 EQ가 높은 집단의
SAT(미국 대학 수능시험) 성적이 약 200점 가량 더 높았다고 한다. 친구
관계도 더 좋았고 교사와 학부모의 평가도 EQ가 낮은 집단에 비하
여 훨씬 더 긍정적이었다고 한다. 네 살 때의 EQ 특성이 15~16년
이후의 삶의 모습을 다르게 전개시키고 있었던 것이다.

이 연구는 우리에게 무엇을 시사하는가?

첫째, EQ 특성은 매우 일찍 나타나는 심리적 특성이라는 것이다. 네
살 때 이미 개인 간의 차이가 크게 나타나고 있다는 것을 보여준다.

둘째, 매우 어릴 적부터 사람들은 나름대로의 EQ 전략을 갖고 있
다는 것을 보여준다. 과자를 먹지 않고 참고 기다리는 전략이 네 살
짜리 아동에게서 벌써 나타난다는 것이다. 네 살짜리 아동들은 참
고 견디기 위해서 기도를 하기도 했고 눈을 감고 과자를 보지 않으
려 애쓰기도 했으며 노래를 하기도 했고 어떤 아이는 잠을 자려고
애쓰기도 했다.

셋째, EQ 특성은 어릴 때나 청년이 되었을 때에나 크게 변화가 없이 지속된다는 점이다.

넷째, 만족지연능력이라는 EQ 특성이 적어도 청소년들의 적응에 매우 긍정적인 영향을 끼친다는 것을 알려준다.

이 연구는 가정에서 부모에 의한 어릴 적 EQ 교육이 얼마나 중요한지를 드라마틱하게 보여주는 대표적인 연구라고 볼 수 있다.

정서지능 개발을 위하여

✚ 문용린 : 서울대학교

EQ는 감정과 정서의 통제능력을 말한다. 감정과 정서를 통제하고 조절할 줄 안다는 것은 곧 행동을 통제하고 조절할 줄 안다는 것과 통한다. 예컨대, 한 사람이 화가 무척 나 있다고 할 때 그 화를 그대로 발산해 버릴 수도 있고 화를 참고 조절해서 속으로 삭이거나 주위 사람들에게 피해를 주지 않는 방식으로 표출할 수가 있다.

또 이런 예도 있을 수 있다. 어떤 사람이 세 끼를 굶어서 배가 무척 고프다고 치자. 그는 허기를 참지 못하고 남의 물건을 훔칠 수도 있고 허기를 악착같이 참다가 기진하여 실신해 버릴 수도 있다. 정서와 감정의 통제 방식과 강도가 다를 수 있다는 것이다.

이런 두 가지 예는 바로 감정과 정서의 통제가 곧 행동의 적응성

과 부적응성을 결정하는 중요한 요소임을 보여준다. 이렇게 중요한 EQ는 과연 인위적인 노력으로 변화시킬 수 있는 것일까?

EQ에 대한 이야기를 여러 사람 앞에서 하고 있노라면 그들 하나 하나의 얼굴에 돋는 궁금증이 보인다. "EQ를 키울 수 있나요?" 하 는 호기심이 엿보이는 것이다. 물론 EQ, 즉 정서지능은 노력에 따 라 높아질 수가 있다. 탁구를 치고 농구를 자주 하게 되면 솜씨가 느는 것처럼, 감정과 정서를 이용하고 통제하여 약하거나 강하게 하는 연습과 훈련을 받게 되면 감정과 정서를 활용하는 기술이 늘 어난다.

EQ는 IQ에 비하여 선천성이 크게 낮다. IQ는 대략 80퍼센트 정도가 유전에 의해서 결정된다고 본다. 그러나 EQ는 다르다. 일란성 쌍생아들 간의 EQ의 유사성은 IQ의 유사성보다 훨씬 낮다. IQ는 정답을 찾아내는 능력이기 때문에 그 자신이 통제할 수 있는 능력이 아니지만 EQ는 감정과 정서를 참거나 부풀리는 능력이기 때문에 얼마든지 그 자신이 통제할 수가 있다.

결국 감정과 정서를 통제해 본 경험이 많은 사람일수록 감정 통제를 더 잘할 가능성이 크다. 예컨대 바로 손위의 형한테 언제나 구박과 설움을 받으면서 자란 동생은 형보다 EQ가 높을 가능성이 많다. 형은 동생에 대해서 일방적으로 감정과 정서를 발산하는 경험만 갖고 있지만 동생은 다르다. 그는 감정을 드러냈다가 형한테 오히려 얻어맞게 되는 등의 감정 발산의 반작용을 경험하게 되므로 감정 통제능력을 발달시키게 되는 것이다.

EQ는 생생한 삶 속의 대인관계 경험을 통해서 가장 잘 개발된다. 사람 속에 섞여 진한 감정적 경험을 많이 하는 것이 EQ를 높이는 중요한 방책이 될 수 있다. 불우한 환경에서 자란 사람 중에 특히 EQ가 높은 사람이 많을 수 있다. 진한 감정과 정서의 경험을 그들은 남다르게 겪게 마련이기 때문이다.

자기 집에서만 살아본 사람보다 집을 떠나 남의 집에서도 살아본 사람의 EQ가 높다. 자기 집에서만 자란 아이는 자기 생각만 하지만 집을 떠나서 남의 집이나 기숙사, 병영에서 살아본 사람은 아무래도 타인과의 감정 교류 및 자제의 경험이 많게 마련이기 때문이다.

이러한 EQ 개발의 원리는 요즈음의 우리 젊은 부모들에게 많은 교훈을 준다. 자녀들을 장난감, 비디오 게임, 로봇, 인형만으로 키우지 말라는 것이다. 감정의 발산만이 가능한 일방적인 게임 상황에 자녀를 방치하지 말고 동년배 또래 친구 사이에, 어른들 사이에 자주 끼어서 감정의 쌍방 교류가 가능하도록 아이를 키워야 한다는 교훈이다. EQ는 대인관계 경험을 통해서 높아진다.

이렇게 중요한 감정과 정서의 통제능력은 어떻게 길러질 수 있을까? 어떻게 하면 화가 나도 이것을 속으로 삭이며 남에게 피해가 가지 않도록 표출하게 할 수 있을까? 어떻게 하면 배가 고파도 참고 견디며 품위를 지키면서 행동하게 할 수 있을까?

세 가지 상호 구분되는 EQ 교육 전략이 있다. 하나는 자아통제력(self-control)에 강조를 두는 교육 방법으로서 죄의식, 양심, 그리고 자아이상(ego-ideal)을 고취하고 고무하는 데 초점을 둔다. 예컨대, 화를 내는 것, 음식을 탐내는 것 등 욕구의 비정상적인 충족에 대하여 죄의식을 고취하는 게 여기에 해당된다. "너, 화내면 나빠. 나중에 혼날 거야"와 같은 말이나 "그렇게 화내면 하느님한테 죄 짓는 거야" 등의 말이 이런 방법에 속한다. 자아통제력을 죄의식이나 양심의 부담을 고취함으로써 강화시키려는 것이다.

두 번째는 행동 자체의 변화에 강조를 두는 것으로 행동 수정 기법이 여기에 해당된다. 화를 내는 행동에 벌을 주거나 화를 참고 견디는 적응 행동을 칭찬하거나 강화해 줌으로써 원하는 행동은 더 빈번히 나타나게 하고 원치 않는 행동은 소멸되거나 억제되도록 하는 것이다.

세 번째는 자아판단력을 증진시켜서 감정과 정서의 통제력을 강화시키려는 기법이다. 여기에서는 관련된 문제상황을 세밀하게 분석해서 그 상황 속에서 가장 공평하고(fair), 합리적(rational)이며, 정의로운(just) 행동이 무엇인지를 선택하게 함으로써 감정과 정서의 통제를 실질적으로 가능하게 하려는 것이다.

세 가지 전략은 각각 나름대로의 이점이 있고 단점이 있기 때문에 한마디로 어느 것이 더 좋고 나쁘다고 말하기 어렵다. 교육대상 아동의 연령과 상황에 따라 부모들은 세 가지 기법을 융통성 있게 활용할 수 있을 것이다.

공부하는 자녀에게
힘이 되어주는 부모

✦ 황매향 : 경인교육대학교

우리나라 부모들만큼 자녀들의 학업지도에 열심인 부모가 또 있을까? 이 부분에 대해 우리 모두 뜨거운 박수를 보내고 그 자녀들은 가슴 깊이 감사의 마음을 가져야 한다. 자식 공부를 위해서라면 무엇이라도 희생해 왔고, 또 앞으로도 희생할 준비가 되어 있다. 그런데 이런 훌륭한 부모의 뒷바라지가 자녀들에게는 오히려 부담이 되고 부모 자신에게는 좌절만 안겨주게 되는 경우가 적지 않은데 그 이유가 무엇일지 한번 생각해 볼 일이다.

부모들의 한결같은 염원은 "네가 필요하다는 건 다 해줄 테니 제발 알아서 공부해 주면 좋겠다"로 요약된다. 조금 더 나아가 "너랑

같은 반인 ○○는 자기가 다닐 학원도 알아서 찾아보고 보내달라고
한다는데", "네 형은 시험 때면 제발 자라고 해도 안 자고 시험공부
열심히 했는데", "네가 알아서 하는데 엄마(아빠)가 공부하라는 잔소
리를 왜 하겠니. 나도 그런 잔소리 안 하는 좋은 엄마(아빠) 좀 되게
해다오"라고 자녀에게 한탄의 소리를 하게 되는 경우도 적지 않다.

실제 극소수의 학생들을 제외하고 대부분의 학생들은 마지못해
학교를 가고 마지못해 학원을 가고 마지못해 시험공부를 한다. 왜
학생들은 스스로 공부하지 못하는 것일까? 학생들에게 공부란 성인
들에게 주어진 일과 같다. 직장에 가기 싫지만 어쩔 수 없이 가고 집
안일이라면 지긋지긋하지만 어쩔 수 없이 해본 경험이 있을 것이

다. 공부하기 싫은 아이들의 마음이 그 마음과 똑같다고 이해하면 된다. 이렇게 힘들게 자신의 일을 해나가는 아이들을 어떻게 도울 수 있을까? 무엇보다 그 사실을 인정해 주고 이해해 주려고 노력하는 태도의 변화가 선행되어야 한다. 부모들이 자녀들의 어려움을 이해하는 데 조금이라도 도움이 될 만한 한 가지 지식을 나누고자 한다.

많은 사람들이 알고 있는 매슬로라는 학자의 욕구위계 이론을 소개한다. 사람들은 누구나 항상 무엇인가를 원하는 욕구를 가지고 있고 그 욕구가 행동을 결정한다고 한다. 그런데 그런 욕구에는 좀 더 절실한 욕구가 있고 상대적으로 덜 절실한 욕구가 있다. 사람들은 누구나 가장 절실한 욕구를 충족시키기 위해 행동하게 되는데 보다 절실한 욕구가 충족되어야 덜 절실한 욕구가 행동을 결정할 수 있는 힘을 갖게 된다. 모든 사람들에게 가장 일차적으로 충족되어야 하는 욕구는 생리적 욕구 → 안전에 대한 욕구 → 소속감을 느끼고 사랑을 받고 싶은 욕구 → 남들보다 낫다고 인정받고 싶은 욕구의 순이라고 한다. 그리고 이런 욕구가 모두 충족되면 인간은 지금보다 좀 더 나은 사람이 되고 싶은 성장의 욕구(알고 싶은 욕구 → 아름다움을 추구하고 싶은 욕구 → 자아실현의 욕구)를 느끼게 된다.

학생들에게 있어 공부를 통해 충족시킬 수 있는 욕구란 바로 이 성장욕구에 속한다. 즉, 공부할 마음이 생기기 위해서는 기본적인 욕구들이 충족되지 않으면 안 된다. 이제 우리 사회는 급속한 경제

성장으로 인간의 기본욕구는 어느 정도 충족되는 사회가 되었다. 그래서 흔히 부모들은 "네가 뭐가 부족해서 공부를 못하니?"라는 말을 하게 되는데, 이미 자녀들이 기본욕구를 충족했을 것이라고 판단해 버린 것이다. 물론 대부분의 학생들이 배가 고파서, 너무 더워서, 무서워서 공부할 마음이 생기지 않는 것은 아니다. 그러나 잘 살펴보면 매우 기본적인 욕구가 위협받고 있고 그로 인해 학생들의 행동은 보다 훌륭한 사람이 되기 위한 욕구가 아닌 다른 욕구를 따라 행동하게 된다.

예를 들어, 수면욕구를 보면 우리나라 대부분의 청소년들은 수면욕을 충족시키지 못하고 있다. 인간은 태어나면서부터 나이가 들어감에 따라 수면요구량이 점차 줄어든다. 따라서 당연히 청소년들은 그들의 부모들에 비해 잠이 많다. 최근 연구에 의하면, 사람들의 수면요구량이 꾸준히 감소하는 것이 아니라 급성장기인 청소년시기에는 수면요구량이 오히려 증가한다고 한다. 그렇다면 자녀와 부모의 수면요구량은 더욱 큰 차이를 보일 것이다. 그래서 부모들은 "우리 애는 왜 이렇게 잠이 많은지 모르겠어요. 아침에 저 혼자 일어나는 적이 없어요. 어휴, 한 번 깨워서 일어나면 아마 그날은 해가 서쪽에서 뜰 거예요"라는 호소를 많이 한다. 마찬가지로 학교에서는 교사들이 "우리 교실의 반 정도의 학생들이 아예 자고 있어요. 수업시간인데도"라고 말하는데 모두 마찬가지 현상이다. 3당4락, 4당5락 등 잠을 적게 자야 대학에 합격한다는 말이 우리나라만이 아니라 미국에서도 유행하고 있다. 학생들의 가장 기본적인 욕구인 생리적 욕구에 속하는 수면욕을 이겨가며 공부를 하라고 하는 매우 비합리적인 기대이다. 잠이 부족한 학생들이 깨어 있는 시간 동안 공부가 잘 될 리 없다.

수면욕만이 아니라 우리 아이들은 식욕이나 성욕 같은 생리적 욕구와도 싸워야 하고 이혼, 별거, 사고, 질병 등으로 가정이 해체될 때나 학교폭력에 시달릴 때는 안전에 대한 욕구가 강하게 위협받게 되며, 부모로부터 인정을 받지 못하거나 친구를 사귀지 못할 경우 소속감에 대한 욕구가 가장 절실해진다. 학업 성적이 매우 우수한 학생들 중에 공부 때문에 마음고생을 하는 경우가 많은데 이런 학생들의 대부분은 부모로부터 인정받으려고, 또는 다른 사람들로부터 칭찬을 받기 위해 공부에 매달린다. 즉, 공부를 공부 자체가 아닌 다른 기본적인 욕구를 채우는 수단으로 삼고 있기 때문에 성적의 하락에 대한 불안이 극심하다. 이런 현상은 비단 학업이 우수한 학생들에게만 나타나는 것은 아니다. 자신의 일에서 스트레스를 많이 받는 대부분의 사람도 일을 자신의 성장을 위해서 하기보다 먹고 살기 위해, 가족에 대한 의무를 다하기 위해, 사람들에게 인정받기 위해, 즉 다른 욕구를 충족시키기 위한 수단으로 한다.

여러분들의 자녀가 공부에 흥미를 느끼고 스스로 성취해 나가고 자신이 알아가는 것이 즐거워서 공부하는 학생이 되기를 바란다면 이러한 성장욕구가 자녀에게 생길 수 있을 만큼 기본적인 욕구들을 얼마나 잘 충족시켜 주고 있는지를 잘 살펴보기 바란다. 그리고 자녀들이 공부가 아닌 다른 것에 관심을 가지고 자꾸만 공부에서 도망가려고 할 때, 또는 공부 때문에 항상 불안해할 때, 도대체 어떤 욕구를 채우지 못해 저렇게 힘들어하는지 잘 관찰하고 대화하기 바란다.

초등학생을 위한
가정에서의 진로 교육

✚ 김옥환 : 서울월촌초등학교

시대를 막론하고 모든 부모들의 소망은 귀여운 자녀가 성장해서 행복한 삶을 사는 것이다. 행복한 삶을 사는 방법에는 여러 가지가 있을 수 있으나 가장 확실한 방법은 자녀가 성장하여 자신이 선택한 직업에 대해 만족하고 가치와 보람을 갖고 살아가는 삶이라고 할 수 있다. 이는 바람직한 진로를 선택하는 것을 말하며 자녀 자신의 행복을 좌우하는 중요한 열쇠라고 할 수 있다. 프랭크 파슨Frank Parson은 진로 선택에 대해 생애의 선택에서 결혼 다음으로 중요한 결정으로 보았다.

초등학생은 자신의 주변과 생활 경험 그리고 인지적 능력 등이 청소년보다 상대적으로 제한적이어서 선택할 수 있는 진로의 폭이 좁으므로 가정에서의 적절한 진로 교육이 필요하다. 여기서 자녀의 진로 선택에 대해 부모가 도울 수 있는 방안을 살펴보면 다음과 같다.

첫째, 자녀의 진로 선택에 있어서 부모의 의식 전환이 무엇보다 필요하다.

먼저, 우리나라 부모들은 자녀교육에 대한 열성이 크고, 열성이 큰 만큼 자녀의 진로에 대해 관심이 지대하나 전통적인 직업 인식의 틀에서 벗어나지 못한 채 가정에서의 적절한 진로 교육이 이루어지지 않고 있다. 이런 상황에서 자녀의 진로 선택 과정에 있어서 부모의 영향력을 배제할 수 없다. 그러나 자녀의 흥미나 적성, 성격 등에 어울리는 직업 선택의 중요성도 무시할 수 없다. 여기서 부모는 자녀의 개인특성, 즉 심리적·신체적·행동적 특성을 고려하여야 한다. 자녀가 독립된 인격체라는 것을 인정해야 자녀와 함께 원만하고 합리적인 진로 탐색이 가능하다.

다음으로 세대차의 극복이다. 부모는 전(前) 세대에 살아온 세대이고 자녀는 앞으로 살아갈 세대이다. 이는 부모가 지닌 사고방식, 생활방식, 문화가 자녀와 다르다는 것을 의미한다. 이러한 차이는 사회가 급변함에 따라 더욱 커지고 이에 따라 직업의 변화가 그 어느 분야보다 빠르게 전개되고 있다. 따라서 부모들의 진로 교육관이 단순한 직업교육이나 취업이 아니라 개인 생애의 전 과정에 걸쳐

진행되는 과정이라는 관점으로 전환되어야 한다.

둘째, 자녀가 자신을 바르게 이해할 수 있도록 도와야 한다.

부모는 자녀에게 첫 번째의 교육자이다. 이는 자녀에 대해서 가장 잘 아는 사람은 부모라는 것이다. 즉, 자기 자녀의 성격이나 흥미, 특성 등을 가장 잘 파악할 수 있으며 이는 자녀에게 어울리는 장래 진로에 대해 조언할 수 있는 위치에 있다는 말이다.

자녀가 자신을 이해할 수 있도록 돕는 방법에는 부모가 자녀를 양육하면서 평소에 관찰한 것을 솔직하게 말하는 방법과 자녀가 스스로 반문하면서 자신이 좋아하고 잘하는 것이 무엇인지 부모와 대화하거나 기록해 보는 방법 등이 있다. 그러나 객관적으로 자신을 파악할 수 있는 방법은 진로 관련 심리검사를 해보는 것이다. 진로 검사를 인터넷상에서 손쉽게 할 수 있는 방법이 있다. 여기에는 간단하게 실시할 수 있는 간단형 진로 심리검사(대개는 무료)나 신뢰성과 타당성이 확보된 표준화된 진로 심리검사(대개는 유료)로 나누어서 할 수 있다. 비용이 들어가긴 하지만 자녀의 미래 진로를 위해 후자를 실시하는 것이 좋다.

셋째, 자녀에게 다양한 일과 직업세계를 탐색할 기회를 주는 것이 바람직하다.

위 두 번째의 자기이해 활동에서 자신의 성격이나 흥미, 적성에 어울리는 직업을 살펴보고 이에 대해 좀 더 자세하게 살펴볼 수 있는 방법으로는 직업사전이나 문헌에서 정보를 얻을 수 있으나 최신 진로 관련 정보는 아무래도 인터넷을 활용한 정보수집이 더 빠르고 손쉽게 접근할 수 있다. 즉, 직업능력개발원 부설 진로 정보센터나 노동부, 각 시도 교육과학연구원의 홈페이지, 사설 교육관련 사이트 등에서 탐색할 수 있다.

이렇게 해서 자녀와 함께 가장 잘 어울리는 직업 한두 개 정도를 잠정적으로 정하고 좀 더 자세한 진로 정보를 살펴본다. 여기서 욕심을 낸다면 올해부터 각급 초등학교에서 실시하는 가정체험학습일을 이용하는 것이다. 즉, 자녀에게 어울리는 직업에 종사하는 재직자에게 사전에 충분한 취지를 설명하고 허락을 받은 후 자녀가 직접 방문하여 면담할 수 있는 기회를 부모가 마련하는 방법이다. 이는 부모가 힘이 들긴 해도 자녀가 자신의 진로를 선택하는 데 결정적인 도움을 줄 수 있다.

넷째, 자녀에게 올바른 직업 윤리의식을 심어주어야 한다.

진로 발달단계에서 보면 초등학생은 진로 인식 단계에 있다. 이 단계에서는 무엇보다도 아동에게 직업에 대한 올바른 윤리의식을 고취시킬 필요가 있다. 여기에서는 부모의 직업의식이 어떠하냐에 따라 자녀에 대한 직업 윤리의식에 대한 교육의 내용이 달라질 수 있으나 적어도 직업의 개념, 즉 자아실현, 사회봉사, 경제적 측면이 포함되어야 한다. 예를 들면 컴퓨터 황제라고 불리는 빌게이츠는 컴퓨터 운영체제인 도스나 윈도를 개발하여 세계 최고의 갑부가 되었다. 그는 자기가 하고 싶은 일을 하여 자아실현을 했을 뿐만 아니라 많은 돈을 벌어 사회봉사기관 등 여러 기관에 많은 돈을 기부하는 등 사회와 국가발전에 큰 기여를 하고 있다.

이와 같이 초등학교 자녀를 둔 부모가 가정에서의 진로 교육을 어떻게 해야 하는가를 살펴보았다. 모든 교육의 기초는 가정이다. 이는 부모의 역할이 얼마나 중요한지를 알 수 있는 말이다. 가정 진로 교육의 주체로서 부모는 전통적인 직업관으로부터 자녀의 심리적 · 신체적 · 행동적인 특성을 고려한 진로 선택으로 의식이 전환되어야 한다. 이를 바탕으로 자녀 자신을 올바르게 이해할 수 있도록 여러 활동을 함께 하며 다양한 직업세계를 탐색할 수 있는 기회를 주어야 한다. 이는 부모와 아동이 함께 머리를 맞대고 생각하며 실천에 옮길 때 기대 이상의 효과를 볼 수 있다. 무엇보다도 어려서부터 올바른 직업의식을 심어주어 장차 견실한 직업인이 되었을 때 이 사회는 한층 더 밝게 될 것이다.

적성검사와 흥미검사,
어떻게 활용할 것인가?

✚ 임 언 : 한국직업능력개발원

중·고등학교에 다니는 자녀를 둔 부모라면 한 번쯤은 아이가 심리검사 결과를 집으로 가져온 적이 있을 것이다. 그 결과를 꼼꼼히 본 부모라면 그 결과를 충분히 이해할 수 없는 데서 오는 궁금함과 불안감을 경험해 보았을 것이다. 학교에서 심리검사의 실시는 의무화된 사안이 아니지만 관례적으로 혹은 교육적 필요성에 의하여 거의 대부분의 학교에서 실시하고 있다. 가장 많이 실시되고 있는 검사는 적성검사이며, 그 다음은 흥미검사, 성격검사, 지능검사 등이다. 이러한 검사가 충분히 설명이 되거나 다른 교육활동과 연관성을 갖는 경우는 드물며 검사결과를 나누어주는 정도에 그치는 경우가 많은 것이 현실이다.

진로 교육의 중요성이 강조됨에 따라서 오프라인상에서 유료로 실시되는 검사 외에도 무료로 실시되는 검사들까지 포함하면 사용할 수 있는 검사의 종류는 상당히 다양한 편이다. 문제는 이러한 검사의 결과를 어떻게 제대로 활용할 것인가이다. 적성검사와 흥미검사로 대표되는 진로 관련 심리검사를 활용할 때 유의해야 할 사실들은 다음과 같다.

첫째, 초등학생 시절에 측정한 적성과 흥미는 변화할 가능성이 높다.

흥미와 적성은 모두 상당한 정도 경험과 연관이 있다. 초등학생의 경우는 아직 경험을 하지 못한 영역이 상대적으로 많아서 그러한 영역에 대한 흥미나 적성은 낮게 나올 가능성이 높다. 향후 경험의 양이 증가한 후에 다시 검사를 실시하면 다른 결과가 나올 가능성이 높다. 그러므로 초등학생에게 적성검사와 흥미검사를 실시하고, 그 결과에 따라서 진로를 결정하고자 하는 것은 바람직하지 않다. 개인차가 어느 정도 있겠으나 검사를 하기 위하여 최소한으로 요구되는 언어능력이 갖추어지고 흥미와 능력의 패턴이 어느 정도 고정되는 중학교 이후에 검사를 실시하는 것이 의미가 있다.

둘째, 검사결과가 제공하는 그래프와 숫자에 압도당하지 말자.

검사결과를 보면 대체로 하위 영역별로 백분위(%) 또는 표준점수가 제시되고 그에 해당하는 막대 그래프가 제시된다. 이때 점수의 높고 낮음, 그래프의 길고 짧음에 너무 큰 의미를 두지 말아야 한다. 왜냐하면 아주 확연한 차이가 아니라면 많은 경우 '오차범위' 안에서 차이가 없는 것이라 보아야 한다. 예를 들어 언어능력이 90퍼센트가 나왔는데 수리능력이 87퍼센트가 나왔다고 하여 이 아이가 비슷한 종류의 검사를 다음에 실시하였을 때에도 언어능력이 더 높게 나올 것을 기대하거나, 이 아이가 언어능력이 높으니까 문과를 가야 한다는 식의 해석은 지나친 '단정'이다. 검사에 따라서 오차의 범위에 차이가 있으며 백분위의 경우 검사점수 수준에 따라서 오차의 범위가 사실상 다르므로 일률적으로 오차범위를 제시하기는 힘들지만, 분명한 것은 모든 검사에는 오차가 포함된다는 사실이다. 따라서 검사결과는 대략의 높고 낮음의 경향을 참고할 것이며 보다 상세한 의미는 전문가의 도움을 얻어서 해석할 필요가 있다. 시각적으로 보이는 숫자의 사소한 차이나 막대 그래프의 길이에 기초하여 아이의 특성을 단정 짓는 것은 위험하다. 검사점수는 하나의 경향으로만 의미가 있다.

셋째, 검사점수의 예언력은 확인되지 못한 경우가 많다.

문과와 이과의 결정, 진학할 학과의 결정과 같이 진로와 관련하여 중요한 결정을 하기 위해서 심리검사의 결과를 이용하려면 검사결과에 맞게 결정을 내린 사람들이 검사결과와는 다르게 진로를 선택한 사람들보다 더 직업생활에서 성공할 확률이 크다는 것에 대한 확인이 있어야 한다. 이를 위해서는 검사를 실시한 지 수년이 지난 뒤에 그 사람들을 찾아내 조사를 해야 하는 등 비싸고 힘든 연구 과정이 요구된다. 이러한 어려움으로 인하여 우리나라에서 개발된 적성 및 흥미검사의 예언력(학문적 용어로는 '예언타당도')은 확인되지 못한 경우가 거의 대부분이다. 다만 논리적 연관성에 기초하여 그러한 예언력이 있을 것이라고 기대하는 수준이다. 따라서 검사 사용자들은 과학적 논리의 우산 속에서 제공되고 있는 검사가 줄 수 있는 정보가 매우 한정적임을 명확하게 인식하고 사용하는 것이 필요하다.

넷째, 모든 사람들이 적성과 흥미의 프로파일이 명확한 것은 아니다. 적성검사나 흥미검사를 치르고 난 후, 많은 학생들이 특별히 잘하는 것, 혹은 특별히 흥미 있는 것이 도드라지지 않고 몇 가지 영역이 엇비슷하게 높게 나오는 결과에 당혹해하기도 한다. 특히 선택, 혹은 결정을 위하여 검사가 무엇인가 확실한 '정답'을 줄 것을 기대한 경우, 이러한 결과가 나오면 실망스러워하곤 한다. 그러나 이는 많은 학생들에게 나타나는 보편적인 현상으로서 실제 사람들의 특성과 일치한다. 즉, 한 사람에게 적합한 직업은 딱 한 가지만 있는 것이 아니라 다양한 직업이 가능하며 직업적 성공의 관건이 되는 것은 자신이 선택한 직업에 대하여 최선을 다하고 노력하고 적응·발전하며 역량을 발휘하는 것이다. 따라서 한 사람에게 딱 맞는 한 가지 분야를 찾아서 그것에만 집중하는 방식의 진로개발 모형은 몇 몇 천재적인 운동선수 및 예술가 혹은 그와는 반대로 매우 제한된 능력을 가진 사람에게만 맞는 모델이다. 대부분의 사람들에게 맞는 직업은 여러 개이며 한 직업에서 성공할 수 있는 인간유형 또한 다양한 것이 현실이다.

다섯째, 검사를 치르는 것 자체가 교육적으로 의미 있는 경험이 되도록 한다.

검사를 치르는 목적이 검사결과를 받아서 그것이 자녀를 얼마나 설명할 수 있는가를 가늠해보는 것에만 있지 않다. 그러한 목적으로 검사를 사용하기에는 앞에서 말한 사항들로 인하여 일정한 한계가 있다.

그보다는 검사를 치르는 과정 자체가 자기성찰의 기회로 활용될 수 있다. 한국직업능력개발원에서 개발하여 커리어넷(http://www.career.re.kr)에 탑재하고 있는 직업적성검사의 경우 검사를 치른 후 학생들에게 질문한 결과, 검사를 치르는 과정에서 자기 성찰이 이루어졌으며 언어, 수리와 같은 인지능력만이 아니라 대인관계능력, 신체운동능력, 자기성찰능력 등과 같은 다양한 능력이 중요하다는 것을 알게 되었다고 하였다. 검사를 치르는 과정 자체가 의미 있는 경험이 되도록 활용하려면 그러한 목적에 맞는 검사를 선택하여 사용해야 하며, 검사를 치르기 전에 진로 탐색 및 계획, 자기성찰의 필요성 등

검사를 치르는 목적을 학생들이 공유하여야만 검사를 치르는 과정이 유의미하게 작용할 수 있다.

여섯째, 검사결과가 직업 탐색으로 이어지도록 한다.

적성검사와 흥미검사는 개인의 특징과 관련성이 높은 직업군들을 제시한다. 그러나 검사결과에 따라서 가장 관련성이 높은 직업만이 아니라 어느 정도 연관성이 있다고 제시된 직업들에 대해서 관심을 가지고 깊이 있게 알아보도록 안내한다.

이때 도움이 되는 것이 웹상에서 제공되고 있는 직업사전이다. 직업사전은 커리어넷과 워크넷(http://www.work.go.kr)에 탑재되어 있다. 또한 커리어넷 온라인상에서 제공되고 있는 검사들은 검사결과로서 제시된 직업명을 클릭하면 곧바로 직업사전으로 연계되어 직업 탐색이 가능하다. 저학년일수록 검사는 그 결과에 따라서 자신의 진로 방향을 결정하기 위한 것이기보다 검사를 통하여 직업 탐색, 진로에 대한 고민, 자기성찰의 계기로서 활용하는 것이 더 바람직하다.

우리 아이들의 앞날을 위해

✚ 김현준 : 영신여자고등학교

이전과는 달리 요즘 학생들은 자신의 여러 가지 문제를 놓고 상담실을 자주 이용하는 모습을 볼 수 있다. 상담실을 찾는 대다수 학생들이 호소하는 주된 내용은 자신의 앞날에 대한 진로 문제로, 그에 따른 상급학교 진학 또는 취업 등에 대해 걱정을 하고 많은 관심을 가지고 있는 것으로 나타난다. 자신의 앞날에 대하여 걱정하고 상담을 한다는 것은 그만큼 자신을 돌아볼 줄 알고 자기를 사랑하는 마음을 가지려고 노력하는 것으로서 아무리 해도 지나치지 않다고 할 수 있다.

이렇게 진로 문제를 놓고 상담을 하다 보면 자신의 진로 문제뿐 아니라 이와 직접적으로 관련된 문제들이 상담으로 이어지게 되는

데 주로 가정환경, 친구 문제, 학교 공부, 성적 등의 순이다. 호소 내용을 보면 '나는 이런 직업을 갖고 싶고 이런 일을 하고 싶은데 성적이 안 된다'거나 '집에서 허락을 하지 않고 반대를 한다'는 등의 문제이다. 이런 문제로 찾아온 학생들을 상담할 때는 '내가 원하는 그 일이 과연 나에게 적합한 것인가?' '집에서는 왜 반대를 하게 되는가?' '어떻게 하면 원하는 직종에 들어가서 일하게 될 것인가?' 하는 등의 내용으로 진행을 하며 무엇보다도 먼저 자신의 모습을 좀 더 올바르고 정확하게 볼 수 있도록 지도를 한다. 아이들은 자신의 정체를 정확히 알지 못한 채 막연한 동경만 가지고 있는 경우도 많고 실제 자신의 능력과 흥미를 정확하게 알고 있는 학생들이면서도 그에 따른 성적이나 진로를 잘 모르고 현실적 감각이 부족하여 어려움을 안고 있는 경우도 많기 때문이다. 많은 학생들이 자신의 진로에 대해 구체적인 계획이 있다기보다는 자기가 하고 싶다거나 좋아하는 업종을 동경하여 그와 관련된 대학만 나오면 그 길로 갈 수 있다는 막연한 생각을 하는 경우가 많다.

이전 시대의 사람들은 직업이 부모로부터 세습되었기 때문에 자신의 진로를 결정하는 데 별 어려움을 느끼지 않았다. 그러나 오늘날은 자신의 적성이나 능력에 따라 본인에게 알맞은 일을 직접 찾아 하는 시대가 되었기 때문에 자기 진로를 어떻게 결정할 것인가 하는 것은 매우 중요한 일이 되었다. 자신이 좋아하는 일을 하며 일생을 보낸다면 크나큰 보람 속에서 행복한 나날을 보낼 수 있겠지만 자신의 흥미와 적성에 맞지 않는 일을 하게 되면 불만이 쌓이게 되어 일의 능률도 오르지 않을뿐더러 직무 수행도 어려워 개인 생활은 물론 사회적으로도 불안 요인이 될 것이다. 그러나 많은 학생들이 아직도 자아, 직업 적성, 능력, 흥미, 성격 등 진로 선택의 중요한 요소들에 대한 이해가 부족하고 자신의 진로에 대한 목적의식을 분명히 갖지 못한 채 학교생활을 하고 있는 실정이다. 설령 자신의 진로를 결정한 학생이라 할지라도 적성, 능력, 흥미, 성격 등의 요소보다는 성적이나 가정환경 등 지극히 피상적인 이해에 의해 진로를 선택하는 경우가 대부분이다. 실제로 대학 신입생의 상당수(열 명 중 두세 명 정도)가 자신의 학과 선택을 후회하면서 휴학을 하거나 전과(轉科), 재수 등을 고려하고 있다는 조사결과가 나올 정도로 진로 결정과 진로 설계가 유동적이고 학교와 직장에서는 부적응 사태가 발생하는 교육적 역기능 현상이 거듭되고 있는 현실이다.

이러한 현상은 평소에 자신의 진로에 대해 생각해 보고 올바른 선택을 하는 것이 바람직하나 학생들의 진로 문제가 대학 입시를 앞두고 갑자기 결정되거나 계획 없이 결정되는 경우가 대부분이므로 진로 선택에 임박해서야 고민과 갈등을 겪게 된다. 물론 이러한 고민과 갈등은 우선 자기 이해의 부족에서 오는 갈등과 고민이며, 또한 변해가고 있는 사회와 자신의 삶에 대한 무관심에서 오는 결과로 직업세계에 대한 이해 부족에서 오는 방황들이라고 볼 수 있다. 그렇기 때문에 우리 아이들에게 평소에 진로와 앞날의 삶에 대해 관심을 가질 수 있도록 가정에서, 학교 교육의 내용 속에서, 또 여러 가지 사회적 여건과 조건들을 통해서라도 반드시 이러한 진로 교육이 바람직하게 이루어져야 한다.

학생들의 진로 선택에 많은 영향을 주는 것이 가정이므로 먼저 가정에서 우리 아이들의 앞날을 위해 함께 생각해 보아야 할 것이다.

우선, 우리 아이들이 자신의 모습을 바르게 알아갈 수 있도록 도와야 한다. 자신의 능력 중 어떤 부분이 강하고 약한지, 또 장점이 있는 반면 단점도 함께 있다는 것을 알아야 하고 자신의 적성과 흥미는 어떤 것이며 그것이 어떻게 쓰여야 올바른 것인지 등을 알아야 하며, 더불어 '나는 어떠한 사람이 될 것인가?'에 대해 함께 생각해 보는 것이 절실히 필요하다. 영어 표현으로 "Who are you?"라고 묻는다면 그건 단지 "나는 김아무개이다"라는 이름 이상의 뜻을 묻는 것이다. 즉, "당신은 무엇을 하는 사람인가?(직업), 당신은 어떤 능력이 있는 사람인가? 당신의 성격은? 당신의 관심거리는…?" 등 그 사람을 알고 싶다는 것이다. 그러한 질문에 대해 "나는 이런 일에 종사하고 있고 이런 것에 관심이 많으며, 나는 어떤 신념을 가지고 살고 있다"는 등 자신에 대한 총체적인 이해가 있어야 한다. 이렇게 자신을 알아야 앞날의 진로 선택도 올바르게 할 수가 있는 것이다.

그런데 오늘날 우리 가정은 아이들이 자기를 올바르게 볼 수 있게 하는 데 있어 바른 역할을 소홀히 할 뿐 아니라 어쩌면 방해를 하고 있을 수도 있다. 주로 학교 성적 한 가지 면에서만 아이들을 평가해 버리는 잘못을 하고, 아이들도 그 잣대에 맞추려고 자신의 또 다른 면에는 전혀 관심을 가지지도 못하고 또 계발하려고도 하지 않는다. 물론 이 문제는 우리 사회의 구조적 문제라고 전가(轉嫁)할 수도 있겠지만 우리 삶에 대한 책임은 바로 나에게 있는 것이다. 때문에 우리 가정은 아이들이 자신을 폭 넓게 알아갈 수 있도록 열린 교육의 기능을 해야 할 것이다. 우리 교육제도가 흔들리고 아이들의 자아 정체를 살리기에 어려움이 있다고 하더라도 가정에서만큼은 자녀의 앞날이 행복할 수 있도록 도와야 할 것이다. 우리 자녀들이 자신의 삶에 책임을 지고 값지고 보람 있는 삶을 살기를 원한다면 자신의 다양하고 폭 넓은 모습을 보고 자신의 능력을 계발하여 스스로에게 맞는 인생을 살도록 해야 한다. 비록 그 자리가 적을지라도 자기가 원하고 이 사회를 위해 가치 있는 일터에서 자신의 행복한 삶을 누릴 수 있도록 해야 할 것이다. 이렇게 될 때야 비로소 우리 사회라는 꽃밭에는 여러 종류의 꽃들이 함께 어우러져 각각의 꽃 모양으로 아름다움을 보여주게 될 것이다.

얼마 전 『44등이 서울대에 갔어요』라는 책을 출간해서 화제를 모았던 정영빈 학생의 아버지께서 하시는 말씀이다. "영빈이는 중학교 1학년 때는 44등이었고, 더구나 학교에서는 공부를 잘 안 하고 놀기만 좋아하는 문제가 있는 학생이었다. 그러나 나는 개인적으로 영빈이가 문제라는 것에 절대 동의를 하지 않았고 … (중략) … 지금까지 공부하라는 말을 해보지 않았고, 그러면서도 언제나 행복한 마음을 가지며 살려고 서로 노력했다. 공부는 스스로 해야 한다고 강조했으며, 1등보다는 개근을 원했고, 최고보다는 최선을 다하는 사람이 되라고 했었다. 청소년들에게 개성과 뚜렷한 자기 세계는 분명히 있어야 하지만 그것은 어디까지나 자기계발과 미래 희망을 위한 기초가 되어야 한다. 우리 자녀들이 행복한 마음을 갖고 자기를 반성하는 겸손한 자세로서 심지가 굳은 사람이 되어야 미래의 세계가 희망차게 전개될 것이다."

모든 것에는 분수와 본분이 있다. 그래서 조물주는 이빨을 준 자에게는 뿔을 제거하고 날개를 달아준 자에게는 다리를 두 개만 주었다고 한다. 우리 아이들이 자신의 모습에 꼭 맞는, 참 행복을 누리는 삶을 살아갈 수 있도록 우리 부모들이 먼저 그들의 모습을 알아주고 그 모습을 온전히 받아들여 안아주는 가정을 꿈꾸어본다.

청소년의 진로 :
스스로 미래를 찾아가려는 아이들

✚ 김종휘 : 하자센터 / 노리단 / 문화평론가

사람은 다음 세 가지 단계를 거치면서 성장한다고 합니다. 처음은 '해야만 하는 것'을 하는 단계, 다음은 '하지 말아야 하는 것'을 하는 단계, 그리고 '하고 싶은 것'을 하는 마지막 단계입니다. 아이의 경우 부모 밑에서 생존을 위해 해야만 하는 것을 먼저 익히고, 다음에는 부모가 하지 말라는 것을 하면서 자아를 만들어갑니다. 이 과정을 잘 헤쳐 나왔을 때 자신이 진짜 하고자 하는 것이 무엇인지 비로소 알게 됩니다.

아이가 장차 무엇이 되겠다 또는 어떻게 살겠다고 미래를 이야기할 때 부모로서는 잘 귀담아 들어보아야 합니다. 그것이 혹시나 부모가 어려서부터 가르쳐온 '해야만 하는 것'을 따라서 그리고 있는 미래인지 말입니다. 부모가 원하는 것을 아이도 원할 때 대개는 행복하게 느끼기 쉽지만 아이가 자신이 원하는 것을 알지 못한 채 그저 부모 밑에서 '해야만 하는 것'을 반복하며 그것으로 자신의 미래를 그린다면 그다지 오래갈 수 있는 진정한 행복은 아닐 것입니다.

보통 아이들은 부모가 '하지 말라는 것'을 기어코 하면서 또는 '하지 말아야 하는 것'을 추구하면서 자신의 미래를 만들어가기 쉽습니다. 이때를 보통 반항기라고 할 수 있습니다. 부모의 세계를 떠나서 자아정체성을 추구하는 것은 아이의 본능이자 성장의 필수적인 과정입니다. 중요한 점은 아이의 그러한 욕구 표출이 대개는 부모가 정한 '하지 말아야 하는 것', 즉 금기를 깨면서 이루어지는 이유를 부모가 잘 생각해 보는 일입니다. 아이가 반항을 하면 아이가 이제 막 자기 스스로 성장하려고 하는구나 하고 생각해야 합니다.

게다가 우리 시대와 사회가 빨리 변하고 있어서 부모 세대가 경험했던 일과 직업의 의미가 매우 많이 바뀌고 있습니다. 우리 아이들이 살아가게 될 가까운 미래는 평생직장의 개념 대신 한창 일할 나이에 서너 개의 직업을 번갈아가면서 하게 될 가능성이 매우 높습니다. 이 점에서 가장 중요한 기준은 그 일을 자신이 원해서 즐기면서 할 수 있느냐 하는 점일 것입니다. 이것을 부모가 아이를 대신해서 정해줄 수는 없습니다. 아이가 스스로 원하고 느끼는 그것에서 아이의 미래와 장차 하게 될 일을 찾아야 합니다.

결국 아이가 '하고 싶은 것'을 찾는 일이 중요합니다. 그것이 당장은 부모가 '하지 말라는 것'이라고 하더라도 지켜보아야 합니다. '하고 싶은 것'이 무엇이든 그것을 찾은 아이는 하고 싶은 것을 하기 위해서 노력하고 집중하며 때로는 희생까지 마다하지 않게 됩니다. 이 과정에서 아이는 몰입할 줄 아는 힘과 방법을 얻게 됩니다. 이 점이 가장 중요합니다. 아이가 또다시 새로운 일을 찾게 될 때에도 그 힘과 방법은 아이를 더욱 자신감 있게 만들어주는 소중한 밑천이 될 것이기 때문입니다. 반면 '하고 싶은 것'을 찾아 맘껏 몰입해 보지 못한 아이는 '해야만 하는 것'을 하든 '하지 말라는 것'을 하고 있든 새로운 상황에 대처해서 스스로 해결해 나가는 지혜를 갖지 못하기 쉽습니다. 아이가 '하고 싶은 것'을 찾아가도록 환경을 준비해 주어야 합니다. '하고 싶은 것'에 맘껏 빠져보도록 기회를 주어야 합니다. 그것이 무엇이든 부모 세대의 경험으로 "그건 아니야!"라고 말하기 전에 아이가 '하고 싶은 것'이라고 말하는 그것을 충분히 할 수 있도록 지켜보아야 합니다.

칼릴 지브란이 『예언자』에서 말했듯이 "당신의 아이는 당신의 아이가 아니다"라는 말을 부모들이 잘 되새겨야 합니다. 아이가 갈 길은 부모가 걸어온 길과 다릅니다. 또 달라야 정상입니다. 그 길이 무엇이 될지 부모가 정해줄 수는 없습니다. 아이 스스로 찾아가야 합니다. 가장 좋은 방법은 아이가 '하고 싶은 것'에 빠져보면서 자신을 알게 되고 스스로 힘과 지혜를 만들어가게 하는 것입니다. 칼릴 지브란의 말대로 "당신은 아이에게 사랑을 주어도 좋지만 당신의 생각을 주어서는 안 된다"는 점을 꼭 기억해 두어야 하겠습니다.

part 4
자녀양육

부모 역할, 어떻게 하나?

✚ 구자경 : 평택대학교

자녀를 제대로 키워보고자 마음먹은 사람 중에 과연 '부모 노릇을 어떻게 해야 하나' 에 대해서 고민해 보지 않은 부모는 거의 없을 것이다. 자녀를 반듯하게 잘 키우기를 원하지 않는 부모는 거의 없을 테지만 많은 부모들의 노력이 반드시 좋은 결실로 나타나지는 않는 것 같다.

이 세상에서 제일 중요하면서도 어떻게 해야 할지에 대해 제대로 나타나지는 않는 것이 바로 부모 역할인 것 같다. 필자는 상담을 통해서 다양한 유형의 부모-자녀 간의 갈등을 경험하며 함께 해결방안을 찾아보며, 또 집에서는 두 아이의 엄마로서 좋은 엄마가 되고자 노력해 보지만 좋은 부모 되기란 참 어려운 것임을 실감한다.

혹시 누군가 나에게 "부모는 자녀를 어떻게 양육해야 합니까?"라

고 질문한다면 "자애로움과 엄격함이 적절하게 조화를 이룰 수 있어야 합니다"라고 대답할 것이다. 여기서 자애로움이란 자녀에 대한 신뢰를 가지고 따뜻하고 관대하게 대하는 것이며, 엄격함이란 확고한 원칙을 가지고 정해진 바를 일관성 있게 밀고 나가는 것을 말한다. 그런데 자애로움과 엄격함의 조화는 말처럼 쉽지가 않으며 어느 한쪽에 치우치거나 이도 저도 아닌 경우가 더 많은 것 같다.

먼저 자애롭기만 한 부모를 보자. 자애롭기만 한 부모는 자녀의 요구를 거절하기 어려워하며 벌주는 것 자체를 잘못이라고 생각하여 참고 있다가 스스로 참지 못하게 되면 극단적으로 벌을 주거나 분노를 폭발하고 스스로 죄책감을 느끼는 경향이 있으며 말은 엄격하게 하지만 일치된 행동을 보여주지 못한다. 이러한 부모에게서 자란 자녀는 인정이 많고 따뜻하기는 하나 책임감과 자신감이 부족하며 쉽게 좌절하고 그 좌절을 견디기 어려워하며 버릇이 없는 경우가 많고 의존적이며 유아적인 특성을 보인다.

　엄격하기만 한 부모의 모습은 어떠한가? 엄격하기만 한 부모는 자녀양육에는 엄격함이 가장 중요하다고 생각하고 칭찬을 하면 아이가 버릇이 없어질까 봐 칭찬을 거의 하지 않으며 잘못한 일에는 반드시 처벌이 따라야 한다고 생각하고 자녀가 부모의 권위에 의문을 제기하는 것을 허락하지 않는다. 이러한 부모에게서 자란 자녀는 항상 걱정이 많고 긴장되며 불안하고 심할 경우에는 우울하고 때로 자살을 생각한다. 그리고 책임감이 강하고 예의가 바르나 지나치게 복종적이며 순종적이고 부정적 자아 이미지를 가지고 있으며 죄책감과 자기비하가 많다.

　가끔 부모 중에는 엄격하지도 자애롭지도 못한 양육 방식을 보이는 부모가 있다. 자녀양육에 무관심하고 무기력하며 칭찬도 벌도 주지 않고 비난만 하며 자식을 믿지 못하고 자녀의 요구에 둔감하며 애정을 표현하지도 않는다. 이러한 부모에게서 자란 자녀는 반사회적인 성격으로 발전하기 쉬우며 질서의식이 부족하고 규칙을 무시하는 자기중심적 모습을 갖기 쉬우며 작은 일에도 혼란과 좌절을 많이 느끼며 세상과 타인에 대해 불신감과 적대감을 갖게 된다.

앞에서도 말했듯이 가장 바람직한 부모의 양육 태도는 엄격함과 자애로움을 조화롭게 나타내는 것이다. 엄격하면서도 자애로운 부모는 자녀가 일으키는 문제를 정상적인 삶의 한 부분으로 생각하며, 자녀에게 적절하게 좌절을 경험하게 하여 자기 훈련의 기회를 제공하며, 자녀를 장점과 단점을 함께 지닌 한 인간으로 바라보며, 자녀의 잘못을 벌할 때도 인격적인 모욕을 가하기보다는 자녀가 가진 잠재력을 인정한다. 이러한 부모에게서 자란 자녀는 자신감 있고 성취동기가 높으며, 사리분별력이 있고 원만한 인간관계를 유지하며 자신과 세상을 신뢰하며 자기성장에 대한 의지가 강하다.

자식의 어떠한 문제행동을 변화시키고자 하는 부모는 우선 자녀의 문제행동에 숨겨진 의미를 알아차려야 한다. 자녀의 문제행동의 이면에는 가족 안에서 소외감을 느끼는 자녀가 가족 안에서 소속감을 느끼고자 하는 무의식적 동기가 숨겨져 있는 경우가 있다. 그 유형을 한번 살펴보면 다음과 같다.

첫 번째는 부모에게서 완전히 주목을 받을 때만 자신이 부모에게 속해 있다고 느끼고 자신이 가치 있는 존재라고 생각하는 것이다. 이러한 경우에 자녀들은 부모에게서 전혀 주목을 얻지 못하는 것보다는 꾸중, 고함과 같은 부정적인 주목이라도 받기를 더 좋아한다. 오직 부모의 관심을 끌고자 노력하는 자녀들을 대하다 보면 부모는 짜증이 나게 마련이다. 부모가 자녀를 꾸짖으면 일시적으로 그 문제행동을 줄이지만 잠시 후 다시 문제행동을 시작한다.

두 번째는 부모에 대해서 힘을 가지려고 하고 부모를 굴복시킴으로써만 가족 내에서 소속감을 가질 수 있다고 믿는 것이다. 이처럼 힘겨루기를 하려는 자녀를 대하다 보면 부모는 자주 화가 나며 자녀를 꺾어놓고야 말겠다는 열망이 생기게 된다.

세 번째는 자녀 스스로가 자신이 전적으로 부모에게서 사랑받을 수 없다고 믿고 자신이 받은 상처를 부모에게 되돌려주려고 하거나 복수를 하는 것이다. 이러한 경우 부모는 자녀에게서 깊은 상처를 받고 상처를 되돌리고자 하는 마음을 가지게 되고 자녀를 벌줌으로써 자녀의 복수심을 더 강하게 만든다.

네 번째는 자녀가 유능하게 될 자원을 자신이 가지고 있지 못하다고 믿고 부모의 기대로 인한 압력을 피하기 위하여 부적절한 행동을 나타내는 것이다. 이 경우에 부모는 자녀에 대한 절망감과 무기력감을 느낀다. 부모가 자녀의 수행을 향상시키려고 하면 자녀는 더욱 낙담하게 된다.

이처럼 잘못된 믿음을 가지고 있는 자녀의 마음을 되돌리려면 자녀의 밖으로 드러난 말과 행동만을 보는 대신 자녀의 입장에서 자녀의 숨겨진 마음을 이해하려는 태도가 가장 우선적으로 필요하다. 부모가 자녀의 감정이나 생각을 알아차리지 못하고 부모로서 자기 입장만을 내세우게 되면 자녀는 마음의 문을 닫아버리고 결국 부모-자녀 관계가 멀어질 수밖에 없는 것이다.

이 세상에 완벽한 부모는 없는 것 같다. 그리고 완벽해질 수도 없을 것이다. 다만, 부모로서 자신을 끊임없이 돌아보며 노력하고 성장해 가는 부모가 될 때 부모는 자녀의 든든한 버팀목과 격려자로서 그 자리매김을 할 수 있을 것이다.

21세기를 향한 아이들의 리더십

✚ 공병호 : 공병호경영연구소

세상이 빠르게 변하는 만큼 정규 교육도 변해야 한다. 그러나 그것이 쉬운 일만은 아니다. 한번 만들어진 제도란 세상 변화와 관계없이 제도 자체만으로 나름대로 관성이 있기 때문이다. 그래서 이것저것을 두루 둘러볼 수 있는 안목과 시계(視界)를 가진 사람들은 정규 교육이 채워줄 수 없는 미진한 부분을 어떻게 보충해 주어야 하는가를 고심하게 된다.

그런 이유 때문에 요즘 들어서 부쩍 아이들을 위한 실용서가 쏟아져 나온다. 일찍부터 돈과 금융 등을 가르치기 위한 각종 서적들이나 '리더십'에 대한 책들도 학부모들의 수요를 반영하고 있다고 할 수 있다.

　아이들은 정해진 일반적인 코스가 지금보다 훨씬 드문 시대를 살아가게 될 것이다. 아주 길어진 평균 수명 때문에 일생 동안 몇 개의 직업을 거치는 일이 자연스러운 일로 자리 잡을 것이다.

　그래서 무엇보다 아이들에게 요구되는 것은 적극적으로 자신의 삶을 만들어가는 능력, 즉 리더십이라 하겠다. 다른 사람으로부터 주어진 목적에 따라 수동적으로 움직이는 것이 아니라 스스로 자신이 추구하는 목표를 세우고 그것을 이루기 위해 방법을 찾고 노력하는 능력이 그 어느 때보다 중요성을 더해갈 것이다.

　설령 좋은 성적으로 명문 대학을 나온다고 하더라도 오늘날 부모 세대들이 차지하는 위치보다 떨어지게 될 것이다. 그래서 언제, 어디서나 기회를 찾고 새로운 목표를 세우고, 자발적으로 이를 추구하는 능력이 요구될 것임에 틀림이 없다.

그러나 이런 능력을 학교가 제공해 줄 수 있는가. 약간은 가능할 수도 있을 것이다. 그러나 내가 보기에는 정규 교육이 이런 영역을 맡아줄 수 있는 가능성은 아주 낮은 것 같다. 정규 교육은 주어진 문제에 대한 정답을 찾는 능력을 가르치는 데 많은 노력을 기울인다. 오늘날 입시란 것도 과거와 마찬가지로 해답을 찾는 일이 거의 전부를 차지하고 있다. 그 해답은 하나일 수도 있고 두 개일 수도 있다. 이처럼 문제 자체를 스스로 규정해야 하는 경우도 많이 생기게 된다.

입시라는 관문을 뚫기 위해 고학년이 될수록 에너지 전부를 쏟아부어야 되는 아이들에겐 여러 과제들이 힘겨울 수밖에 없다. 그러나 부모님들은 어린 시절부터 스스로 원대한 미래를 꿈꾸고 구체적인 목표를 세우고 책임 있게 행동하도록 가르쳐야 한다. 그리고 아이들이 학교를 다니는 것은 훗날 홀로서기를 하기 위한 하나의 예비 과정이기 때문에 매사를 성실히, 열심히 하는 것이 선택이 아니라 필수임을 강조해야 한다.

어느 분야이건 한 획을 그은 인물들의 자서전을 보면 항상 부모님이 등장한다. 부모님 가운데서도 어머니가 먼저 등장하는 경우가 많다.

GE(General Electric)를 정상에 세운 잭 웰치 회장의 어머니는 아주 어린 시절부터 아들이 스스로의 행동에 책임을 지는 것, 그리고 정상을 향해서 치열하게 노력하는 것, 그리고 패배에 깨끗이 승복하는 자세를 가르쳤다고 한다.

미국 조지 부시 전 대통령의 어머니인 도로시 부시는 어린 시절부터 아이들에게 '무엇보다 먼저 팀을 중시하라' 그리고 '자신을 지나치게 너무 내세우지 말라'고 가르쳤다고 한다. 부시 대통령의 동생 조너선은 이런 일화를 소개한다. 형제 중 누군가가 집에 뛰어 들어와 "나 오늘 홈런 쳤어요!"라고 소리를 지르면 어머니에게서 돌아오는 대답은 "잘했구나"라는 말이 아니었다고 회상한다. 당장 나오는 말은 "팀은 어떻게 되었는데?"라는 질문으로 아이들이 항상 더불어 사는 존재임을 각인해 주었다고 한다.

9.11 테러로 혼란에 빠진 뉴욕을 재건시키는 데 기여했던 뉴욕 시장 루돌프 줄리아니는 자서전 첫 장에서 어머니가 자신에게 남긴 삶의 원칙이 훗날 얼마나 도움이 되었는가를 회상한다. 그것이야말로 자신의 리더십의 핵심 그 자체라고 말한다. 어떤 일이 있더라도 숙제를 마치기 전에는 다른 일을 할 수 없는 집안의 규칙은 루돌프 줄리아니로 하여금 항상 많은 문제 가운데 우선순위를 매기고 그 순위에 따라 문제를 해결하는 것의 중요성을 삶의 한 부분으로 만들어주게 된다.

닛산 자동차를 재건시킨 레바논계 프랑스인 카를로스 곤 사장은 부모님이 아주 사소한 일까지 엄격하게 버릇이 들도록 한 덕분에 자신이 규칙적이고 올바른 생활습관을 몸에 익힐 수 있게 되었다고 말한다. 게다가 주어진 기간 내에 여러 가지 일을 정연하고 능숙하게 해치울 수 있게 된 것도 부모님의 유산이라고 회고한다.

변화무쌍한 세상을 살아갈 아이들에게 일찍부터 어떤 삶을 원하는가를 생각해 보도록 해야 한다. 자신이 무엇을 좋아하는지, 무엇을 잘할 수 있는지를 찬찬히 살피는 관찰력을 키워줘야 한다. 그리고 그들이 스스로 '자기 자신은 이런 저런 삶을 살기를 원한다' 그리고 '이를 위해서 이런 저런 직업을 갖기를 원한다'는 구상을 일찍부터 해보도록 유도해야 한다.

그리고 그들이 스스로 삶을 꾸려가야 하고 자신의 모든 행동에 대해서 책임을 짊어져야 하는 것임을 가르쳐야 한다. 삶의 치열함도 일찍부터 가르치는 것이 좋다. 물론 부모님에 따라서 일찍부터 돈 문제나 삶이 가져오는 팽팽한 긴장감으로부터 아이들을 보호해야 한다고 생각하는 분들도 계실 것이다. 그러나 나의 생각은 아이들 역시 부모가 어떻게 삶을 꾸려가고 어떤 어려움이 있는가를 어느 정도는 알아야 한다고 생각한다.

언젠가 작가 조정래 선생이 어느 인터뷰에서 "글 쓰는 아비의 어려움을 알게 하기 위해서 펜으로 쓴 글을 아이들에게 옮겨 적도록 한다"는 글을 본 적이 있다. 삶에서 무임승차는 없다는 부분을 일찍부터 가르치는 것이 바람직하다.

아이들의 리더십은 적극적으로 자신의 삶을 만들어가는 능력과 더불어 사는 존재임을 깨닫고 미래에 대한 준비를 갖추는 데서 시작된다고 할 수 있겠다. 아울러 부모들은 아이들이 자유롭고 당당한 삶을 살아가도록, 변하는 세상을 향해 스스로 성실과 인내로서 하나하나 만들어가야 한다는 점, 그러니까 '삶은 만들어가는 것'임을 충분히 가르쳐주어야 할 것이다.

첫걸음

✚ 김창대 : 서울대학교

지금은 돌아가셨지만 아버지가 생전에 웃으시면서 내게 "미술에 대해서는 수우미양가 중 '가'를 맞아도 할 말이 없다"라고 하셨던 이야기가 생각난다. 여느 아버지처럼 아들의 성취에 대해 관심이 많으셨던 아버지셨지만 아들의 유전적 소양에 대해서는 어쩔 수 없었던가 보다. 그만큼 나는 예술에 대한 감각과 조예가 부족했었나 보다.

그런 나이지만 그래도 좋아하는 그림이 하나 있다. 그것은 반 고흐의 〈첫걸음〉이라는 그림이다. 그 그림을 보면 기분이 괜히 좋아진다. 그림의 구도나 터치가 좋아서일까? 그런 것도 있겠지만, 나는 이 그림에 나오는 사람들의 시선과 서 있는 방향이 상담학적으로 건전한 것 같아서 더 좋다.

　그 그림은 고흐의 습작 중 하나로 전체적으로 푸른 바탕에 작은 집을 배경으로 엄마, 아빠, 그리고 막 첫걸음을 떼는 아이가 등장한다. 아빠는 일터에서 돌아오는 길에 문 밖에서 엄마의 손을 잡고 걸음마를 시작하는 아이를 보고 아이의 키에 맞추어 반쯤 앉아 그를 향해 두 팔을 벌리고 있다. 엄마는 아이의 뒤에서 아이를 붙잡은 채 아빠에게로 걸어가려는 아이를 대견한 듯 받쳐주고 있다. 그리고 아이는 엄마를 뒤로한 채 막 첫걸음을 떼어놓으려고 하는 순간이다.

　여기에서 나는 한 가지 사실을 발견한다. 고흐는 아이가 엄마를 향해 첫걸음을 떼는 것이 아니라 엄마로부터 떠나가는 것을 그렸다는 점이다. 난 이 점이 좋다. 아이가 엄마를 향해 오는 것이 아니라 엄마를 떠나서 더 넓은 바깥세계로 멀어지는 방향으로 첫걸음을 떼는 한편, 엄마는 (자기를 향해 오라고 하는 것이 아니라) 아이의 뒤에서 아이를 자기로부터 떠나는 방향으로 걸어가게 하는 그림이어서 좋다.

대상관계 이론가인 말러에 의하면 건강한 사람이 발달하는 궁극적인 방향은 '개별화individuation'라고 한다. 아이가 자란다고 하는 것은 다른 말로 하면 엄마로부터 떠나가는 과정이며, 엄마로부터 독립해서 더 크고 넓은 바깥세계로 나아가는 과정이라는 의미이다. 출생이 아이의 의지와는 관계없이 이루어지는 최초의 독립이라면 첫걸음은 아이의 의지를 바탕으로 이루어지는 최초의 독립이다. 최초로 독립하려는 순간에 엄마가 아이의 앞에서 내게 오라고 하는 것보다 아이의 뒤에서 아이로 하여금 엄마를 떠나 더 넓은 세상으로 가라고 격려하는 것이 훨씬 여유 있는 자세인 것 같다. 난 고흐의 이 그림이 아이가 자신의 의지를 가지고 하는 최초의 독립을 이루는 순간에 아이가 문 밖 세상을 향하도록 그려졌기에 좋다.

여기에서 한 가지 질문을 해본다. 나는 우리 아이를 떠나보내지 못하고 계속 품고 있으려고 하지는 않는가? 나보다 더 넓은 세계를 보라고 하기보다 내가 이 세상을 보는 방식으로 세상을 보라고 하지는 않는가? 자녀가 나로부터 떠나가는 것을 자랑스럽고 기쁘게 여기기보다 내가 오히려 더 불안해하지는 않는가?

혹시 그렇다면, 마음을 바꾸어 아이들에게 더 넓은 세상을 보여주고 큰 세상을 향해 나가도록 하자.

그림에서 두 번째 사실을 발견한다. 엄마의 시선은 아이에게로 가 있으며 그 뒤에 그려진 집은 참 풍성하고 아늑하게 보인다는 점이다. 엄마의 시선을 통해 아이에 대한 엄마의 사랑과 배려 그리고 따뜻한 관심이 엿보인다. 그리고 그 뒤의 집을 통해 가정의 넉넉함과 풍요로움이 엿보인다.

개별화의 과정은 화살이 활시위를 떠나듯 급작스럽거나 한 방향으로만 나가지 않는다. 아이가 자란다는 것은 초롱초롱한 눈으로 세상에 대한 궁금증을 가진 채 엄마를 뒤로 두고 세상을 탐색하지만 때때로 넘어지거나 어려움을 당하면 다시 엄마의 안전하고 따뜻한 품으로 돌아와 소진된 심리적, 정서적 에너지를 재충전하는 단계가 반복되는 과정이다. 이것을 정서적 재충전(emotional refueling)이라고 한다. 이렇게 정서적으로 충분히 재충전된 후에는 다시 마음속에 위로와 용기를 얻고는 다시 좀 더 넓은 세상을 향해 나아간다. 엄마는 아이의 정서적 재충전을 위한 충전소이다. 충전소가 되기 위해서는 아이에 대한 따뜻한 관심과 배려가 항상 뒷받침되어야 한다. 아이에 대한 관심이 어린 엄마의 그런 시선이 잘 그려져서 난 이 그림이 좋다.

엄마만 충전소의 역할을 하는 것이 아니다. 우리들에게는 하루가 저물 때 지친 몸을 이끌고 돌아가 쉬고 싶은 가정이 있다(그림에 있는 집 정도라면 들어가 편히 쉴 수 있을 것 같다). 외지에 나와 열심히 살았지만 힘이 소진될 때 돌아가고 싶은 고향이 있고 생각나는 장소가 있고 만나고 싶은 사람이 있다. 때로는 절대자가 그런 역할을 하기도 한다. 때때로 찾아갈 마음의 고향, 나만의 장소, 그리고 아무 이야기 하지 않아도 재충전이 되는 사람이 있다면 우리는 그만큼 이 세상을 씩씩하게 살기 수월할 것 같다.

여기에서 두 번째 질문을 하자. 나는 그리고 우리 가정은 자녀에게 정서적인 충전소의 역할을 하고 있는가? 자녀가 힘들 때 과연 나와 우리 가정을 찾아올까? 아니 마음속에 떠오르기라도 할까?

혹시 그렇지 않다면 나와 가정의 분위기를 바꾸어 넓은 세상을 탐험하던 아이가 지쳤을 때 그의 마음속에 떠오르는 쉼의 장소를 만들어주자.

고흐의 〈첫걸음〉, 점점 더 좋아진다.

청소년 자녀를 둔 부모의
칭찬 노하우

✚ 손석한 : 연세신경정신과

칭찬의 구체적인 방법에 대해서 알아보자. 바야흐로 칭찬도 기술이 필요한 시대가 되었다. 막연한 칭찬보다는 보다 구체적이고 실천 가능한 칭찬을 해줌으로써 칭찬의 효과를 극대화시킬 수 있다. 그렇다면 도대체 칭찬을 어떻게 해주어야 할까?

칭찬은 크게 '쉬운 칭찬'과 '어려운 칭찬'으로 나뉠 수 있다. 칭찬에 인색했던 부모라면 '쉬운 칭찬'을 해보자. '쉬운 칭찬'이란 칭찬받을 만한 행동을 그냥 지나치지 말고 반드시 칭찬해 주는 것을 의미한다. 즉, 기존에 자녀가 잘하고 있었던 행동이라도 이제부터는 당연하게 여기지 말고 칭찬해 준다. 칭찬을 잘해왔던 부모라면

칭찬을 더 잘하기 위해 '어려운 칭찬'을 시작해 보자. '어려운 칭찬'이란 '쉬운 칭찬'과는 다르게 아이가 잘못하는 행동 또는 부족한 행동을 교정하기 위해서 칭찬하는 것을 의미한다. 따라서 칭찬을 받기 위한 목표행동을 제시해 주어야 한다. '어려운 칭찬'에서는 또다시 두 가지 칭찬 방식으로 나뉜다. 하나는 '가지 칭찬'으로 교정되기 쉬운 행동부터 칭찬하기 시작하는 것이고, 다른 하나는 '뿌리 칭찬'으로 꼭 고쳐야겠다고 마음먹은 중요한 문제행동부터 칭찬하는 것이다. '가지 칭찬'은 쉬운 것부터 시작해서 점차 어려운 것을 고쳐나가겠다는 생각을 지닌 부모에게 권장할 만한 방법이다.

'뿌리 칭찬'은 다소 시간과 노력이 많이 들더라도 가장 중요한 행동을 심어놓겠다는 생각을 지닌 부모에게 어울리는 방법이다. 어느 방법이든 꾸중과 처벌을 통해서 아이를 변화시키는 대신에 칭찬을 통해서 아이를 변화시킨다는 중요한 원칙을 잊어서는 안 되겠다.

여기에 부모들의 이해를 돕기 위해서 간단한 예를 들어보겠다.

"철수는 언제나 음식을 골고루 먹는구나. 참 좋다."(쉬운 칭찬)

"네가 오늘은 방을 어지럽히지 않아서 참 보기가 좋구나. 앞으로도 기대할게."(가지 칭찬)

"공부를 스스로 하는 것을 보니 정말 대단하구나. 참으로 쉽지가 않지? 그러나 계속 노력하는 것이 중요하단다. 엄마 아빠는 네가 성적이 잘 나오는 것보다도 공부를 스스로 해나간다는 것을 더욱 기쁘게 생각한다."(뿌리 칭찬)

칭찬 기술도 크게 두 가지로 나눌 수 있다. 하나는 입으로 하는 칭찬 기술이고, 다른 하나는 몸으로 하는 칭찬 기술이다. 입으로 하는 칭찬 기술이란 부모가 칭찬을 할 때 무슨 말을 어떻게 해야 하는지에 대한 방법이다. 무엇보다 중요하고 우선적으로 생각해야 할 것은 왜 칭찬을 하는지 자녀에게 알려주는 것이다. 다시 말해 칭찬하는 이유를 설명하는 것이다. 이러한 태도에는 결과만이 아니라 노력하는 과정까지 중요하게 여긴다는 메시지가 들어 있다. "참 잘했어!"라는 짧은 말 한마디도 매우 중요하다. 아이들에게는 은은한 눈빛보다는 이렇게 분명한 표현이 더 잘 전달되기 때문이다. 또한 부모가 바라는 행동을 구체적으로 제시해 주어서 아이가 칭찬받을 수 있는 밑거름을 만들어주자. 입으로 하는 칭찬의 기술 못지않게 중요한 것이 몸으로 하는 칭찬 기술이다. 때로는 몸짓이 열 마디 말보다 더 강력하고 함축적인 의미를 가진다. 따라서 자녀를 칭찬할 때 몸으로 하는 방법을 많이 사용하기 바란다. 아이를 위한 사랑의 신호, 칭찬의 신호를 만들어보자. 그것은 간단한 몸짓이어야 한다. 그래서 쉽게 그리고 자주 표현하다 보면 아이는 그 신호를 받아들일 것이고 화답의 의미로 부모에게 좋은 신호를 보내올 것이다.

역시 칭찬 기술의 예를 들어보겠다.

"네가 화를 내지 않고 말해주어서 고맙다. 차분하게 말하는 것은 칭찬받을 만한 행동이란다."(입으로 하는 칭찬 기술, 칭찬의 이유)

"지난 일주일간 열심히 공부했구나. 그 동안 노력한 것이 훌륭하다."(입으로 하는 칭찬 기술, 과정의 중요함)

"(아이의 코를 비비며 또는 등을 두드리며) 참 잘했어!"(입과 몸으로 하는 칭찬 기술)

끝으로 내가 생각하는 칭찬의 4대 원칙에 대해서 소개하고자 한다.

첫째, 즉시 칭찬하자. 칭찬은 그 즉시 이루어져야 효과가 있다.

둘째, 스스로 한 일에 대해서 더욱 많이 칭찬하자. 칭찬의 양과 질에도 차이가 있으므로 자기 스스로 결정하여 행동으로 옮긴 것에 대해서는 최고의 찬사를 보내주자.

셋째, 상을 주자. 청소년의 경우 좋아하는 물건 또는 활동을 이용하여 점차 단계를 세분화하여 경제적 부담 없이 상을 주면서 바람직한 행동을 유도해 나갈 수 있다.

넷째, 하지 말라고 한 일을 하지 않았을 때에도 칭찬은 필수다. 많은 부모들은 자신이 정한 일을 자녀가 잘 따라주었을 때에는 칭찬을 잘해 준다. 그러나 하지 말라고 한 일을 아이가 하지 않고 잘 넘어가주었을 때는 그냥 당연하게 여기며 무관심하게 지나간다. 이것이 바로 간과하기 쉬운 칭찬의 또 다른 한 측면이다.

이제 칭찬의 기술을 배우고 익혀서 우리 자녀들에게 적용해 보는 것은 어떨까?

칭찬을 많이 받고 자란 우리의 아이가 자신감을 얻게 되고 꿈과 동기를 스스로 형성하며 좌절과 실패에도 굴복하지 않고 당당하게 다시 도전하는 사람으로 성장한다면 그 부모는 분명 축복받은 사람일 것이다.

코칭으로 하이 터치(high-touch)하는 부모 되기

✚ 이정화 : 한국아동심리코칭센터

하루에도 몇 권씩 쏟아져 나오는 자녀교육 서적을 보면서 이제 부모의 무조건적인 '사랑'만으로는 다가오는 새 시대의 부모 역할을 제대로 해낼 수 없다는 것을 체감한다.

'엄마가 일등 선생님', '대치동 엄마들의 2008년 입시전략', '머리 좋은 아이로 키우는 IS놀이', '아이의 어휘 수를 늘리는 방법 26가지' 등 교사에서 놀이친구까지 부모가 감당해야 하는 일은 너무나 다양하다. 이 시대가 '슈퍼 부모', '만능 부모'를 원하는 것이다.

역할이 많아지면 많아질수록 부모는 자기정체감을 찾기가 어렵다. 공부 뒷바라지만 해서는 사회생활과 대인관계에 중요하다는

EQ(정서지능), MQ(도덕지능)를 기르기 어렵고, 그렇다고 인지적인 학습을 게을리하여 상위권 진입을 포기하는 것은 인생의 성공 보증서를 놓치는 것 같아 더없이 불안한 일이 아닐 수 없다. 어떻게 하면 이 모든 것을 잘할 수 있을까 하는 것이 이 시대 부모의 고민이자 난제이다. 세상은 하루가 다르게 변화하고 있고 무엇에 초점을 두고 투자해야 할지 아무도 부모에게 정답을 알려주지 않는다. 바로 '해답 없는 시대'의 '해답 없는 부모'가 이 시대 우리 부모의 자화상인 것이다.

그렇다면 그 '해답'은 어디에서 찾을 수 있을까? 운동경기에서

'코치'의 역할을 생각해 보자.

팀의 전략을 내고 그에 맞추어 포지션을 정하며 팀워크를 증진하는 기술은 그 팀의 전체 역량과 각 개인의 특성을 충분히 파악하여야 세울 수 있다. 선수의 상태나 강점, 자질을 모르고서는 어떠한 전략도 낼 수 없는 것이다. 마찬가지로 부모라는 역할은 애초부터 자녀로부터 근거한다. 근원지인 자녀의 상태와 욕구를 파악하지 않고서 어떤 해답도 내기 어렵다.

그러므로 좋은 부모는 아이의 욕구에 민감하다. 아이가 무엇에 관심이 있는지, 어떤 것에 몰입할 수 있는지, 현재 가장 원하는 것이 무엇인지 알려고 노력하고 그에 근거하려고 애를 쓴다. 왜냐하면 바로 그 안에 아이의 해답이 있고 그 해답으로부터 부모는 자신의 역할을 부여받는다는 것을 명확히 알고 있기 때문이다.

그러나 아이의 해답은 저절로 찾아지지는 않는다. 여기에 부모 코치의 역할이 있다. 자녀의 행동에 대해 판단하고 평가하며 가르치려고 하기 이전에 강력한 질문을 통해 자녀가 갖고 있는 최대한의 잠재력을 이끌어내도록 돕는 것이 부모 코치의 역할이며 그에 필요한 기술이 코칭의 기술이다.

그러나 일방적으로 말하는 문화에 길들여진 우리에게 질문을 사용하는 것은 참으로 어려운 일일지 모른다. 특히 가정에서 아이와 함께 대화할 때 질문을 사용하는 것은 상당히 제한적이다. "오늘 학교에서 공부 열심히 했니?" "밥은 먹었어?" "별일 없었니?" "숙제는 뭐야?" 등.

그 어떤 것에도 아이의 생각이나 사고를 촉진하는 질문은 없다. 아이의 감정이나 느낌을 알 수 있는 질문은 더더욱 없다. 부모는 아이의 상태나 정보만 알면 자신의 관심을 다한 것으로 느끼고 아이는 대답에 응하면서 부모에 대한 모든 의무를 다했다고 생각한다.

좋은 질문은 질문 자체만으로도 아이가 자신을 돌아보게 하고 자신 안에 있는 여러 가능성을 찾아보게 하며 자신이 지금부터 해야 할 목표와 행동을 생각하게 한다. "지금과 무엇을 다르게 한다면 네가 원하는 바가 이루어지겠니?", "우리가 했던 약속을 지키기 위해 지금부터 네가 무엇을 할 수 있을까?", "친한 친구가 지금 너와 똑같은 문제로 고민하고 있다면 넌 어떤 이야기를 해주고 싶니?" 등으로 아이가 자신이 원하는 것에 대해 더욱 깊이 생각하고 스스로 자신의 문제를 해결할 수 있다는 자신감과 성취감을 느낄 수 있도록 돕는 것이 좋은 질문이다.

부모 코치는 이 질문만으로도 아이와 함께 하고 그들의 감정과 정서에 귀 기울이며 그들이 스스로 자신을 성장시킬 수 있는 에너지와 행동계획을 낼 수 있는 동기를 부여한다. 그 질문 안에는 아이에 대한 그 어떤 비난이나 충고도 없으며 부모의 기대나 판단도 포함되지 않는다. 철저히 아이가 내는 해답에 근거하고 충분히 지지 · 격려하여 아이가 자신 안에 있는 충분한 자원과 역량을 발견하고 새로운 에너지를 충전받을 수 있도록 기회를 제공한다. 부모가 권위를 세우거나 일방적으로 자녀를 보호하는 수직적인 부모-자녀 관계가 아니라 진정한 파트너십을 구현하는 강력한 방법이다.

다가오는 사회는 우리에게 많은 것을 요구한다. 좋은 부모는 미래를 읽고 변화를 준비할 줄 안다. '코칭'은 우리 아이의 감각, 사고, 행동, 정서를 모두 하이 터치하여 그들의 잠재력을 최대화할 수 있는 새로운 양육법이다. 아이의 무한한 가능성을 굳건히 믿고 그로부터 출발하는 '철학이 있는 부모', 강력한 질문으로 스스로의 해답을 찾아가도록 돕는 '기술이 있는 부모'의 모습으로 보다 당당하게 이 변화의 물결을 맞이할 수 있는 부모가 되어야 할 때이다.

자신에 비추어 아이를 이해한다

✚ 구본형 : 변화경영연구소

좋아하는 말 중에 "무감어수 감어인(無鑑於水 鑑於人)"이라는 아름다운 한자성어가 있다. 물에 자신을 비춰보지 말고 사람에게 자신을 비춰보라는 뜻이다. 거울에 보이는 껍질에 천착하지 말고 사람을 거울삼아 그 속에서 자신이 어떻게 받아들여지고 평가받는지 유의하라는 뜻이다. 아이들과 관련하여 나는 '자신에게 비추어 아이의 좋은 점을 보라'고 권하고 싶다. 나에게는 두 딸이 있는데 큰 아이는 제 엄마를 닮았다. 그리고 둘째 아이는 나를 닮았다. 생김새뿐만 아니라 기질과 성격 그리고 재능까지도 쏙 빼닮았다. 아이를 키우며 이 아이가 어떤 행동과 태도를 취할 때마다 놀라곤 한다. 그 아이의 모습 속에서 영락없는 나를 보기 때문이다. 그때마다 가슴속으로

서늘한 어떤 기운이 지나가는 것을 느끼곤 한다. 바로 저런 태도 때문에 내 삶이 얼마나 어려웠던가! 저런 기질 때문에 얼마나 많은 좋은 기회를 놓치고 말았던가! 부모의 눈에는 아이의 단점이 유난히 잘 보이게 마련이다. 나로부터 비롯된 유산이기 때문에 다른 사람들은 쉽게 눈치 채기 어려운 흔적과 증거들을 쉽게 포착하곤 한다. 그리고 그것에 가슴 아파한다. 한 동안 나도 둘째 아이에게 많은 안타까움을 가지고 있었다. 그래서 그 아이도 어쩔 수 없는 그 단점들을 미워하곤 했다. 그러다가 이내 마음을 돌려 먹게 되었다. 아이가 단점을 가지고 있듯이 많은 장점 역시 물려받았다는 단순한 사실을 깨닫는 데 많은 시간이 흘렀다. 이제는 내가 이 아이의 강점을 이해하고 살릴 수 있도록 올바른 후원자가 될 수 있을 것이라는 기대와 의지를 가지게 되었다. 실제로 이 아이는 나로부터 물려받은 결함 때문에 살아가는 도처에서 어려움을 겪기도 했다. 그러나 나에서 기인한 강점 때문에 두각을 나타내기도 하고 즐거움을 찾기도 했다. 이 아이에 대하여 그 기질적 심연을 나보다 잘 알고 있는 사람은 아마 없을 것이다. 이것이 바로 부모가 아이를 위해 좋은 스폰서가 될 수 있는 조건인 것이다. 부모는 단점과 장점 두 가지 모두에서 아이를 도와줄 수 있다. 우선 단점을 이해하고 그것으로부터 자신을 잘 추스를 수 있도록 도와주는 좋은 피난처의 역할을 해줄 수 있다. 예를 들어 나는 내성적인 사람인데 내 아이도 그렇다. 어린 아이일 때 이 아이는 햇빛처럼 밝았다. 유쾌함이 지나쳐 종종 주책을 떨 만큼 밝은 아이여서 나를 닮지 않은 아이라 다행스러워했다. 나이가 들어 나는 이 아이의 유쾌함 속에 숨어 있는 더 큰 경향을 보게 되었다. 내가 살아오면서 수없이 고민해 온 비사회성과 사람에 대한 지나친 배려에서 오는 소심함을 읽어낼 수 있었던 것이다. 커가면서 이 아이 역시 내가 겪었던 혼란을 겪고 있다는 것을 알게 되었다. 우리는 그것이 무엇인지에 대하여 조금씩 이야기하기 시작했다. 그리고 적절한 태도와 마음가짐에 대해서도 이야기했다. 내향성이란 사람들과 잘 어울리지 못함이 아니라 기질적 특성이며, 고쳐야 할 것이 아니라 그 기질을 이해하고 거기에 적합한 올바른 처세의 방식을 만들어가는 것이 중요하다는 것을 알려주었다. 예를 들면 너무 많은 친구들과 다 잘 어울리지 못하는 것을 아쉬워하지 말고 마음에 드는 친구들 몇 사람들과 깊은 관계를 가져보는 것을 권하기도 했다. 다행스럽게 이 아이는 모든 친구들로부터 칭송받는 인기 있는 만인의 스타가 되지는 못했지만 선생님들과 선배들과 좋은 관계를 유지할 수 있었고, 소수이지만 좋은 친구를 사귀게 되었다. 나는 단점보다 장점에 치중했다. 아이가 가지고 있는 슬픔과 분노 대신 아이가 좋아하고 잘하는 것들을 찾아줌으로써 자긍심과 자신감을 가질 수 있도록 애를 썼다. 잘 어울리지 못해 화나 있을 때, 책을 보게 했다. 책은 좋은 친구였다. 독서는 이 아이에게 지적 자부심을 주는 것이기도 했다. 나는 이 아이가 학교에서 집으로 돌아올 시간에 맞추어 가능하면 늘 집에 있으려고 했다. 그 시간대에는 아무런 약속도 만들지 않았다. 그때 나는 회사를 나와 자유로운 1인 기업가가 되어 있었기 때문에 마음만 먹으면 가능한 일이었다. 학교에서 있었던 이야기를 들어주었고 우리는 함께 책을 보았다. 내가 하고 있는 일에 대해서도 말해주었다. 우리는 좋은 친구가 될 수 있었다. 서로를 가장 잘 알고 그래서 서로를 가장 미워하고 또 가장 잘 이해하는 친구처럼 지낼 수 있게 된 것이다. 부모가 아이들에게 해줄 수 있는 최고의 선물은 그들의 기질과 재능을 이해하고 그것에 맞추어 자신의 특성을 계발하여 하고 싶은 일을 하면서 세상을 살 수 있도록 어려서부터 도와주는 것이다. 부모는 자신의 아이들이 다른 아이들처럼 무난하게 세상을 살아가기를 바랄 때가 많다. 그러나 무난과 평범을 넘어서게 도와주어야 한다. 자신의 기질과 재능의 유산에 맞추어 조금 다른 삶을 살 수 있도록 지원해 주어야 한다. 평범한 사람들의 동일한 삶이 아니라 평범하지만 자신의 일을 찾아 즐기는 자유와 차별적 삶을 갖도록 격려하고 지원하는 강력하고 믿을 수 있는 개인 스폰서가 되어야 한다는 뜻이다.

기다리고… 소망하며… 기대하는… 부모

✦ 안희정 : 안희정심리상담연구소

내 딸 하은이가 초등학교 1학년 때의 일이다. 직업을 가진 엄마들이 그렇듯이 출근시간이 되면 전쟁을 치르는 하루하루를 보내고 있었는데 그날도 바삐 서두른다고 서둘렀는데도 출근시간이 빠듯했다. 엄마 출근시간에 맞추어 등교를 하는 딸에게 "하은아, 좀 빨리빨리 걸어! 엄마 늦겠어!"라고 재촉하며 말했더니 하은이는 "엄마, 나도 빨리빨리 걷고 있는 거야!"라고 했다. 그때 그 말이 내 머리를 꽝하고 때리는 것이었다. 하은이도 제 딴에는 열심히 걷고 있는데 그것이 엄마인 나의 눈에는 안 보였던 것이다. 상담을 직업으로 갖고 있는 엄마도 자신의 보폭에 아이를 맞추는 우를 저지르고 있었던 것이다. 물론 지금은 중학교 2학년이 되었으니 빨리 걸으라고 재촉하지 않아도 나와 같은 속도로, 때론 더 빠른 걸음으로 걷는 나이가 되었다. 우리 부모들은 하루 종일 "빨리, 빨리해!"라는 말을 입에 달고 산다. "빨리 일어나라", "밥 빨리 먹어라", "학교 빨리 가라", "학원 빨리 가라", "빨리 공부해라" 등. 공부도 남보다 빨리 시키려고 기저귀도 떼지 않은 아이를 데리고 영어학원에 다니는 엄마들을 TV 프로그램에서 본 적이 있다. 자신의 아이를 무릎 위에 앉히고 영어 회화를 신나게 따라 하는 엄마들. 어찌 보면 엄마가 더 신나하는 것 같았다. 다 아는 A,B,C,D를 따라 하면서. 어차피 훗날 더 잘할 수 있으련만. 시간을 기다려주지 않는 부모의 모습에 안타까움이 밀려왔다. 자녀의 발달과 능력을 발휘할 수 있도록 시간을 두고 기다려주는 부모가 되었으면 좋겠다. 한 후배의 집을 방문했을 때의 일이다. 여섯 살 난 아들을 보며 "○○야, 커서 치과 의사가 되자"라고 말하고 나서 이번에는 네 살 난 아들에게 "○○는 변호사가 될까?" 하며 아이들에게 미래의 직업을 주입시키는 현장을 보았다. 그때 나의 입에서 "○○야, 정신 차려. 부모가 기대하는 직업을 성취하지 못하면 얼마나 실망하려고 그러니? 직업에 소망을 거는 것보다 아이들의 성품을 기대하는 것이 더 낫지 않겠니?" 하며 조언을 한 기억이 있다. 자녀의 직업에 대해 소망과 기대를 갖는 우리 부모들의 모습에 찬물을 끼얹을 생각은 없다. 하지만 어느 직업이 좋고 어느 직업이 나쁜 것이 있을까? 어쩌면 돈을 많이 벌면 좋은 직업, 적게 벌면 나쁜 직업이라는 생각이 더 많이 자리 잡고 있는 것은 아닐까 싶다.

물론 돈을 많이 버는 것도 중요한 일이지만 돈만 가치가 되어서는 안 될 것이다. 그 직업을 통한 의미와 행복감, 성취감 등 더 많은 중요한 가치가 있음을 기억해야 한다. 무엇보다도 자녀의 품성에 대해 소망과 기대를 가지는 부모가 되었으면 한다. 진실하고 타인들을 배려하며 즐겁게 친구와 학창시절을 보내는, 그리고 때로는 자신의 불투명한 미래를 불안해하고 친구와의 관계 때문에 가슴 아파하는 자녀의 모습을 기대하는 것은 어떨까? 작은 일에 기쁨과 감사를 느끼며 힘든 시기가 다가왔을 때 소망으로 그 시기를 이겨나갈 수 있는, 인내하는 자녀의 모습을 기대하는 것은 또 어떨까? 이런 일들은 자녀에게 진실성, 사회성, 문제 해결력, 성취감, 행복감 등을 길러줄 것이며 이 힘들은 평생의 삶을 살아나가는 원동력이 될 것이다. 한국청소년상담원에 근무하면서, 지금 대학으로 가서 대학생을 가르치고 상담하면서 느낀 점은 청소년 상담은 부모의 힘을 한층 더 발휘할 수 있게 해준다는 점이다. 부모가 자녀의 문제 해결을 위해 상담실을 찾고 자녀를 돕고자 부모 자신도 변하려고 노력하기 때문에 문제 해결이 성공적이었음을 체험했다. 이에 반해 대학생들은 제 발로 상담실 문을 두드리고 찾아오지만 가족 간에 문제가 있을 때에는 가족 구조가 전혀 바뀌지 않은 곳에서 자신만 변하려고 하니 더 힘이 들고 문제가 더 오래 지연되는 것을 보게 된다. 부모는 자녀에게 있어 좋은 상담가의 역할을 꾸준히 해줄 수 있기 때문에 어떤 역할보다도 소중하다. 부모가 영향력이 있을 시기에 자녀에 대해 '기다리고… 소망하며… 기대하는… 부모'가 되자. 중간에 있는 '…' 표시는 인내하는 부모의 모습을 나타낸 것이다. 그 기간은 아무 의미 없는 시간이 아니라 더 많은 관계와 만남이 일어나는 시간들이기 때문에 매우 소중한 시간이다. 오늘도 최선을 다하는 우리 부모들과 함께 "화이팅!"을 외치며.

자녀의 올바른 경제교육,
가장 훌륭한 경제 선생님은 부모

✚ 김인숙 : 한국소비자원

오늘날 우리는 경제생활을 떠나서는 살 수 없는 세상에 살고 있다. 이런 점에서 우리 아이들도 예외는 아니다. 필요한 물건을 직접 사기도 하고 가족들의 구매에 영향을 미치는 어엿한 소비자이다.

　따라서 우리 아이가 소비자로서 당당한 의식을 갖고 올바른 소비생활을 할 수 있도록 해야 한다. 이를 위해서는 경제에 대한 올바른 가치관을 가지고 소비자로서의 능력을 기르는 것이 무엇보다 중요하다. 다른 분야와 마찬가지로 '올바른 경제교육'도 어렸을 때부터 시작하는 것이 좋다.

일상생활의 작은 체험이 소중한 경제교육 :
합리적 소비의 출발은 선택

개인파산이 속출하고 청소년 신용불량이 심각한 사회문제인 시대,
어린이 · 청소년 경제교육캠프가 봇물을 이루고 있지만 진작 중요
한 '경제 선생님'은 가까이에 있는 우리 부모이다. 예를 들면 주말
에 가족과 함께 대형할인점을 이용한 '쇼핑하기'는 무엇보다 훌륭
한 경제교육의 장이 될 수 있다. 가지고 있는 돈으로 무엇을 살까,
저걸 살까, 정말 필요한 것일까 등 대화를 통해 좋은 물건을 고를 수
있을 것이다. 특히 해피아워(happy hour)나 저녁 시간의 '반짝 세일'을
이용하면 소비자와 판매자에게는 어떤 이익이 있을까 등 쇼핑하는

과정 전부가 교육이 될 수 있다.

때문에 엄마 아빠가 가장 좋은 경제 선생님이라는 이야기다. 하지만 이 사실을 모르는 부모가 어디 있겠는가. 문제는 현명하게 선택하는 방법을 가르치는 일을 부담스러워하는 부모가 적지 않다는 점이다. 경제 기사를 오려 주고 읽어보게 하거나 비용이 부담스럽지만 캠프에 보내는 것이 훨씬 만만하다는 생각을 하는 부모가 많을 것이다. 하지만 아이들에게 일상생활에서 선택의 기회를 주고 대화를 하다 보면 아이들 나름대로 꽤 합리적인 의사결정을 내린다는 사실을 알 것이다.

똑똑한 소비자로 키우려면 :
스스로 자라나는 나무가 될 수 있도록

부모들은 누구나 자녀를 '똑똑한 소비자'로 키우고 싶을 것이다. 평소에 자녀에게 경제개념을 심어주기 위해 일상생활에서 만나는 다양한 체험을 활용해 보기를 권한다. 이를테면 부모가 마련해 주는 집안일 아르바이트, 금융회사를 이용한 용돈 관리, 품질 인증마크를 이용한 '좋은 물건 고르기', 다이어트 광고를 활용한 '광고 바로 보기' 등 조금만 관심을 가지고 찾아본다면 일상생활에서 체험할 수 있는 경제교육은 얼마든지 있을 것이다.

우선 부모 스스로가 경제교육은 어렵고 복잡한 이론이 아니라 실생활에서 체험을 통해 경제를 실천할 수 있는 '체험교육'이자 '산

교육'이라는 인식 전환이 필요하다. 우리 아이가 어렸을 때부터 경제활동에 참여해 보는 기회를 가지게 하는 것이 무엇보다 중요하다. 이런 기회를 통해 아이가 시장경제 구조를 이해하고 돈을 올바르게 사용하는 방법을 스스로 익힐 수 있다면 경제교육의 목표는 이미 달성된 셈이다.

경제가 어려운 이때, 아이들도 이제 경제를 알아야 한다. 말로만 바람직한 경제 마인드를 가져야 한다고 할 게 아니라, 직접적인 체험활동을 통해 아이들 의식 속에 건전한 경제의식을 심어줄 때, 우리 아이는 스스로 자라나는 나무가 될 것이다.

자녀 경제교육 10계명

1. 직접 지시하기보다 안내하고 충고하라. 현명한 선택을 해야 하는 이유를 설명해야 한다.
2. 아이들은 실수를 통해, 반복을 통해 배운다. '못한다'는 조급함 대신 기다릴 줄 아는 여유를 가질 것.
3. '어떻게 하는 것인지' 부모 스스로 보여주라. 부모가 가계부를 적는 모습은 직접 관찰학습의 좋은 모델이다.
4. 소비자 수첩을 활용하게 하라. 갖고 싶은 것과 필요한 것을 구분해 우선순위를 정하는 데 도움이 된다. 가족의 금전(재정)관리 모임을 통해 가족 소득을 관리하고 소득과 지출을 점검해

보도록 한다. 이는 선택이 곧 포기임을 교육하는 것과 같다. 만약 컴퓨터 게임을 포기하고 시험공부를 해 높은 점수를 받았다면 높은 점수의 기회비용은 컴퓨터 게임에서 얻는 즐거움이다. 포기할 때 발생하는 기회비용을 알려주어 만족도 높은 선택을 하도록 안내하라.

5. 돈을 보상이나 벌을 주는 데 이용하지 말아야 하며 일상적인 집안일은 가족의 한 구성원으로서 당연히 해야 하는 일이므로 이런 일에 대한 대가로 돈을 지불해서는 안 된다. 굳이 노동의 대가로 용돈을 주고 싶다면 부모 스스로가 적당한 아르바이트를 찾아주도록 노력해라. 예를 들면 집안 대청소나 세차, 장보기 같은 활동 등 집안일 중엔 훌륭한 일감이 얼마든지 있다.

6. 경제에 관한 책을 읽게 하라. 요즈음 만화로 쉽게 경제원리를 풀이한 책들이 시중에 많이 나와 있다. 특히 부모와 함께 읽고 실제 자신의 소비생활을 반추해 생각해 볼 수 있다면 금상첨화다.

7. 존경할 만한 사람을 찾아주라. 꿈을 키우고 동기를 부여할 수 있을 것이다. 또한 직접 커뮤니케이션을 할 수 있도록 도와준다면 더 좋을 것이다.

8. 아이들의 놀이와 문화에 참여하고 그런 정보를 얻는 데 매스컴을 활용하라. 고교생의 47퍼센트가 TV나 라디오를 통해 경제 관련 정보를 얻는다는 사실을 주목하라. 아이들과 함께 보

고 점검해 준다면 부정확한 정보를 걸러낼 수 있는 비판적인 안목을 기를 수 있을 것이다.

9. 가정에 경제적 어려움이 있을 때 명확하고 단순하게 문제를 설명하라.

10. 가장 중요한 것은 부모 스스로 일관성을 가지는 것이다. 원칙은 흔들리지 않아야 하되 연령과 특성에 따른 융통성은 필요하다.

엄마가 꿈을 꾸어야
아이의 미래가 열린다

✚ 박동주 : 작가 / 칼럼니스트 / 카운슬러

"너는 이 다음에 전 세계를 누비게 될 거야. 세계는 이제 하나거든", "지금 공부 못하는 것은 별로 중요하지 않아. 네가 꿈을 가지고 그 꿈을 이루기 위해 끝까지 최선을 다하는 것이 중요해."

나는 틈만 나면 아이에게 이런 얘기들을 들려주었고, 그럴 때면 건훈이도 눈을 반짝이며 귀 기울여 듣고는 했다. 또한 내가 경제에 관심이 많았기 때문에 자연히 경제에 관한 이야기, 경제인 중 성공한 인물들에 대한 이야기를 많이 하게 되었다. 만일 당시에 우리 모자의 이런 대화를 누군가 들었다면 어땠을까? 초등학생이 되어서까지 오줌싸개에, 성적은 하위권, 특별히 잘하는 것도 없는 아이를 놓

고 꿈 한번 야무지다며 코웃음을 쳤을지도 모르는 일이다.

하지만 나는 이런 꿈이 꼭 실현될 수 있다고 믿었고 아이에게도 그런 믿음을 심어주었다. 어릴 때 꿈을 갖는 것은 글자 한 자, 셈 하나를 더 배우는 것보다 몇 배나 더 중요한 일이다. 건훈이가 초등학교 때에는 성적이 하위권을 맴돌다가 중학교에 가서 정신 차리고 공부하여 1, 2등을 다툴 정도로 성적이 오르고 스스로 영어 공부에 흥미를 붙이게 되고 유학 가서 바로 IMF라는 시련을 만나고도 우수한 성적으로 학교를 졸업할 수 있었던 모든 원동력은 어렸을 때부터 꾸어온 꿈이 있었기 때문이라고 생각한다.

꿈이 있는 사람은 어지간해서는 포기하지 않는다. 이런 점에서 나는 건훈이의 어린 시절에 무엇보다 소중한 선물을 주었다고 자부한다.

아이는 초등학교 시절, "패션모델이 되어 무대를 누비며 다니고 싶어요" 또는 "고릴라 살리는 일도 하고 싶어요", "세계적인 투자가가 되고 싶어요"라고 하는 남들이 들으면 황당하다고 할 미래의 꿈을 곧잘 이야기하곤 했다. 그럴 때마다 나는 "그럼 다 할 수 있지. 사람이 마음먹고 노력하면 안 되는 일이 없어"라는 말로 동조를 해주었다. 아이가 공부를 못하고 날마다 오줌을 싼다고 "쓸데없는 소리 하지 말고 들어가서 공부나 해라"고 했다면 아이는 마음의 문을 닫아버렸을 것이다. 늘 '엄마는 내 편'이라는 생각을 할 수 있게 어떠한 황당한 이야기를 해도 동조를 해주는 것이 중요하다. 때때로 상담을 받다 보면 "내 아이는 지금 마술사가 되고 싶어해요. 그런데 실제로 요즈음 대학에는 마술대학도 있다고 해서 그 방면으로 꿈을 심어주고 싶어요"라고 하는 분도 있고 "내 아이는 피아노 선생님이 되고 싶어해요"라는 분들도 있었다. 나는 그런 분들에게 아이가 마음의 문을 닫지 않게 항상 동조를 해주고 함께 그 꿈에 대해 이야기해보라고 권한다.

나는 지금도 많은 아이들이 성적을 올리느라 급급해서 꿈을 꾸어야 할 시기를 놓치는 것이 가장 안타깝다. 혹은 꿈을 꾸고 싶어도 성적과 입시라는 벽 앞에서 절망하는 경우도 있다. 하지만 나는 분명히 말할 수 있다. 지금 공부를 좀 못해도 '왜 공부를 해야 하는지'

에 대한 의미를 찾으면 그 다음은 크게 걱정할 필요가 없다고.

그러므로 학원으로 등 떠밀기보다 아이의 꿈에 대해 진지하고 솔직하게 이야기를 나누는 것이 우선이다. 이것은 전문가나 학원보다 엄마가 제일 잘 해줄 수 있다. 공부 계획은 그 다음에 세워도 늦지 않다. 이런 의미에서 엄마는 아이를 위한 '꿈 컨설턴트'가 되어야 한다. 내 아이의 꿈 컨설턴트가 되는 것은 생각보다 어렵지 않다. 아이에게 "공부하라"는 말 대신 "넌 꿈이 뭐니?"라고 묻고 대화한다면 일단 합격이다.

아이에게 정말 좋은 것을 물려주고 싶다면 아이와 함께 꿈을 꾸자. 또한 그 꿈을 이루기 위해 어떤 노력을 해야 하는지 함께 이야기해보자. 그것이 가장 좋은 교육이라고 나는 지금도 확신한다.

작은 떡잎을 큰 나무로 키우기 위해 애쓰는 많은 엄마들, 특히 "다른 아이들은 잘하는데 우리 애는 왜 이것도 못하지?" 이렇게 걱정하고 고민하는 엄마들에게 내 작은 글들이 희망과 격려가 되었으면 정말 좋겠다.

긍정적인 엄마가 되자

✚ 박동주 : 작가 / 칼럼니스트 / 카운슬러

엄마가 긍정적인 사고와 대화습관을 가지고 있으면 아이에게 자신감을 심어줄 수 있다. 예를 들어 "물이 반 컵밖에 남지 않았네?"와 "물이 반 컵이나 남았네" 하는 것은 큰 차이가 있다. 긍정적인 대화습관은 긍정적인 사고에서 나온다.

　나는 아이가 초등학교 시절 '양'을 받아 오면 "지난 달보다 양이 하나 줄었네?"라고 말해주었다. 그러면 공부를 못해 잔뜩 주눅이 들어 온 아이는 얼굴을 활짝 펴는 것이었다. 날마다 오줌을 쌀 때는 "밤에 잠을 많이 자면 키가 큰다는데 키가 더 크려고 그냥 자버렸구나." 공부는 하지 않고 만화책과 비디오만 빌려다 보면 "엄마가 같이 봐도 되니? 엄마도 어렸을 때는 만화가게에 가서 살았어. 하지만

<Part 4 자녀양육　**193**

공부는 하니까 잘할 수 있게 되었지"라고 하고, 머리에 염색을 하고 들어오면 조금 지나 까만 머리가 올라올 때가 되었을 때 다시 염색을 해주며 "어떤 색이 잘 어울리지는 이것저것 해봐야 알 거야"라고 말해주었다.

아이들이 가장 싫어하는 말이 "공부해라"라고 한다.

"너는 왜 그렇게 공부를 하지 않니? 그러니 항상 성적이 그 모양이지."

"비디오와 만화책만 빌려다 보니 그래 가지고 어떻게 경쟁사회에서 살아남을 수 있겠니?"

"날마다 늦잠만 자고 언제 도서관에 가서 공부를 할래? 도서관에 늦으면 자리도 없는데."

"바지는 그게 뭐냐? 또 머리는 왜 그렇게 길러서 늘어뜨리고 다니니?"

"요즈음 코트 입고 다니는 사람이 어디 있니? 계절을 알아라."

"염색을 하니 꼭 노는 애 같구나."

이런 식으로 말을 했다면 아이는 자신감을 잃어버릴 수도 있었다.

미국의 유명 중견기업 B&J의 최고 경영자인 제이 타슨스 회장은 알리고 싶지 않은 비밀이 하나 있는데 그것은 바로 글씨를 읽지 못한다는 거였다. 타슨스 회장은 15년 전 자신이 단돈 200달러로 시작한 조그만 공구 제조업체가 연 500만 달러의 매출을 기록하는 기업으로 성장했지만 언제나 글씨를 몰라 당당히 나설 수가 없었다. 타슨스 회장은 지난 1999년 미국 상공회의소가 유망 중소기업에 수여하는 '99년도 블루칩 엔터프라이즈'를 받을 정도로 훌륭한 경영능력을 인정받았지만 글을 읽을 줄 몰라 언제나 바쁘다는 핑계로 중요한 계약을 부하에게 검토시키고 자신이 꼭 살펴보아야 하는 서류는 밤에 집으로 가져와서 부인의 도움을 받아가며 회사를 운영했다.

그는 대신 세세한 사항도 잊지 않는 기억력과 기계공구업에 필수적인 계산능력을 활용해서 주변 사람들은 그가 글씨를 모른다는 사실을 아무도 몰랐다. 그러나 항상 마음의 짐을 지고 살던 타슨스 회장은 한 최고경영자 모임에서 자신의 비밀을 털어놓았다. 최고경영자 교육을 받은 다른 CEO들이 자신을 비웃을 거라는 염려와는 달리 오히려 격려의 말이 쏟아져 나왔다. 이에 용기를 얻은 그는 회사 임원들에게 글씨를 모른다는 사실을 밝히는 한편 가정교사를 고용해 글 배우기에 돌입했다.

임원들의 반대에도 불구하고 그는 종업원들에게도 그 사실을 알렸다. 타슨스 회장이 글씨를 모르게 된 이유는 그가 한 광산촌에 있는 초등학교에 다닐 때 선생님이 그가 글씨를 잘 읽지 못한다고 계속 핀잔을 주는 바람에 자신감을 잃게 되었기 때문이라고 한다. 그는 늘 교실 뒤쪽에 앉아 조용히 있기만 하는 학생이 되었고 그의 성적표는 늘 C, D, F학점만 나왔다. 다행히 그는 고등학교 시절에 기계수리를 배우는 기술 수업에서 재능을 발휘해 A학점을 받고 공구제조 분야로 진출할 수 있었다고 한다. 어렸을 때 자신감을 잃어버린다면 그게 평생을 갈 수도 있다.

아들 건훈이는 초등학교 시절 내내 공부를 잘 못했지만 나는 아들의 성적 때문에 조급했던 적은 별로 없었다. 대신 그로 인해 아이가 스스로에 대한 자긍심과 꿈을 잃을까 봐 걱정이었다. 그래서 늘 공부하라는 말 대신에 자신감을 불어넣어 주는 말을 해주려고 노력했다. 교육학 용어에도 '피그말리온 효과'가 있다. 예를 들어 교사가 어떤 학생을 '우수할 것이다'라는 기대로 가르치면 그 기대를 받은 학생은 다른 학생보다 더 우수하게 될 확률이 높다는 이론으로서, 자성적 예언이라고도 불린다. 무슨 일이든 기대한 만큼 이루어진다는 것을 말하는 것이다. 즉, 지극히 평범해 보이던 학생이 선생님의 말씀 한마디로 크게 분발해서 몰라보게 우수한 학생으로 변하는 경우가 있다. 관심과 기대감을 갖고 칭찬을 해주면 용기와 자신감을 갖게 되어 분발하는 것이다.

자녀에게 무심코 하는 한마디의 말, 보이지 않는 기도와 정성, 믿음, 그런 모든 것은 자녀의 인생을 바꾸어놓을 수 있다. 긍정적인 사고와 그렇게 되리라고 믿는 마음은 늘 기적처럼 이루어진다.

건강한 자녀를 위한
올바른 부모 역할

✚ 양창순 : 양창순신경정신과 / 대인관계클리닉

부모가 된다는 것은 인간으로서 완성의 기쁨을 느끼게 하는 일이다. 하지만 그 기쁨을 제대로 느끼기도 전에 아이를 제대로 키워야 한다는 책임감이 우리를 덮쳐온다. 마치 햇살에 반짝이는 나뭇잎의 밝은 면이 있으면 그 뒤에 그림자가 있듯이 부모 역할에도 빛과 그림자가 똑같이 공존한다고나 할까. 그렇다면 어떻게 하는 것이 제대로 된 부모 역할일까?

아이에게 있어 부모는 태어나서 처음으로 접하는 사람들이다. 아이는 부모의 사랑과 양육을 통해 인간과 자신에 대한 믿음, 자율성, 진취성, 정체성 등을 발전시켜 나간다. 이 과정에서 문제가 생기면,

'아이를 망치는 부모 5 유형'

1. 완벽주의 부모
2. 아이를 자신의 소유물로 여기는 것
3. 부모의 열등감과 보상심리
4. 남의 이목을 우선하는 사회 분위기에
끌려가는 부모의 심리
5. 아이의 양육을 어머니에게만 미루는 것

예를 들어 부모의 과잉보호, 부모의 이혼이나 사별 등과 같은 상실, 계속되는 부부싸움 등으로 집안 분위기가 항상 어두울 경우 아이들은 인간과 자신에 대한 불신, 수치감, 죄책감, 열등감, 자기정체성의 혼란 등을 경험한다.

또한 부모가 분노나 기쁨의 감정을 어떻게 처리하는지, 어떤 때술을 마시고 약물을 복용하는지, 무엇에 관심을 기울이고 무엇의성취를 위해 애쓰는지 하는 것들을 보면서 아이들은 저마다 나름대로의 가치관을 키우며 자라난다. 그런데도 많은 부모들이 자신의인생, 자신의 자녀양육 태도가 아이들에게 평생 동안 영향을 미친다는 사실을 간과하는 것을 본다.

잘못된 부모 역할의 첫 번째 유형은 완벽주의 부모에게서 찾을 수 있다. 그들은 자신에게 완벽함을 기대하는 만큼 자신의 아이도 완벽하기를 바란다. 특히 부모가 공부도 잘하고 실패도 모르고 자라온 경우, '누구 자식인데 안 될 리가 없지' 하는 생각의 지배를 받게 마련이다. 그러다가 자기 생각대로 안 되면 아이에 대한 실망감에 분노하게 되는 것이다.

두 번째는 아이를 자신의 소유물로 여기는 것이다. 이런 부모는 아이의 재능이나 소질과는 상관없이 자신이 원하는 대로 아이가 성장하기를 바란다. 이런 부모-자식 사이는 사춘기가 되면 폭발할 가능성이 매우 높다. 그 전까지는 그런대로 고분고분하던 아이들도 사춘기가 되면 부모 맘대로 되지 않기 때문이다.

세 번째는 부모의 열등감과 보상심리가 문제이다. '내가 못다 한 꿈을 네가 이뤄다오' 하는 경우이다. 실제로 어떤 엄마는 자신이 이루지 못한 무용가의 꿈을 딸을 통해 이루려고 했다. 그러다 보니 딸이 몸이 아파 레슨을 하루 쉬고 싶다는 것도 용납하지 못해 거의 전쟁 수준으로 싸우다가 병원에 오게 되었다.

네 번째는 남의 이목을 우선하는 사회 분위기에 끌려가는 부모의 심리이다. 이런 부모들을 보면 아이들을 야단칠 때 특징이 있다. 아이의 잘못을 나무라기에 앞서 "내가 너 때문에 창피해서 못 살겠다" 아니면 "남들이 알면 어떻게 생각하겠니?" 하는 말을 꼭 먼저 하는 것이다. 사실, 아이에게 옳고 그름을 말할 때 객관적인 판단 기준보다 남의 이목을 앞세우는 것은 부모가 하지 말아야 할 일 중의 하나이다.

다섯 번째는 아이의 양육을 어머니에게만 미루는 것이다. 그러다 보니 어머니에게는 아이가 공부 잘하고 좋은 대학에 가는 것이 곧 자기 인생의 성적표가 되어 버린다. 하지만 아이가 정신적으로 균형 있고 건강하게 성장하기 위해서는 아버지의 양육 태도가 무엇보다 중요하다. 그것을 일이 바쁘다거나 심하면 양육까지 신경 쓰고 싶지 않다는 이유로 어머니에게만 전적으로 책임을 미루는 것은 옳은 모습이 아니다. 부부 사이의 친밀도나 정서적 유대 또한 아이에게 커다란 영향을 미친다. 부부 사이가 좋지 않을 경우, 아이 역시 그 사이에서 교묘하게 희생자가 될 수밖에 없기 때문이다.

부모의 권위는 부모가 됨으로써 자동적으로 부여되는 것이 아니다. 그 권위가 존중받기 위해서는 현명하고 지혜로운 부모 역할이 필요하다는 사실을 잊어서는 안 된다.

엄마는 공주

✦ 안희정 : 안희정심리상담연구소

"요즘 엄마들은 공주가 많지요?"라는 질문에 엄마들이 "공주요?"라고 반문한다. "네, 지금 강의 듣고 있는 엄마들도 공주잖아요. 공주는 공부하는 주부를 말해요!"라고 했더니 모두 한바탕 웃는다. 그렇다. 공부하는 주부들이 많아졌다. 각종 문화센터에서도 많은 강좌를 개설해 놓고 저렴한 가격에 주부들에게 공부할 기회를 제공한다. 부모교육도 많이 개설되어 있어 마음만 있으면 얼마든지 부모교육을 받을 수 있으니 직접 참여해서 공부할 수 있기를 바란다. 이번에는 "자녀교육을 어떻게 할까?"보다는 엄마의 자기효능감을 증진시키는 방법에 대해서 이야기하려고 한다. 자기효능감은 주어진 상황에서 얼마나 유능할 것인가에 대한 개인의 판단인 동시에 특정

행동을 수행할 수 있는가에 대한 개인의 신념을 말한다. 젊었을 때
를 회상해 보자. 무엇을 할 수 있었고 실제로 해낸 기억들이 있지 않
은가? 그러나 자녀를 중심으로 생활하다 보니 모든 생활의 중심은
자녀가 되어버리지 않았는가. 자녀의 스케줄만 있으며 엄마의 꿈은
사라지고 자녀의 꿈만 존재하지는 않는지. 그래서 비 오는 날 김광
석의 〈서른 즈음에〉를 들으며 중년이 되어버린 지금 어쩐지 우울감
이 밀려오는 것을 경험해 보지 않았는지. 지금부터라도 부모 자신
의 자기효능감을 높이기 위해 다시 신발 끈을 질끈 매어야 한다. 그
렇다면 자기효능감을 높이기 위해서는 어떤 방법이 있을까? 먼저
무엇인가 해내는 성취 경험을 해야 한다.

작년부터 안 하던 운동을 시작했다. 운동이라고는 숨쉬기 운동과 걷기 정도 했던 내가 헬스클럽에 등록하고 본격적으로 운동을 시작한 것이다. 1시간 정도 땀을 흘리고 나면 기분도 좋고 몸도 좋아지는 것을 느낀다. 물에만 들어가면 맥주병처럼 가라앉던 내가 지금은 자유형과 배영으로 수영을 할 수 있게 되었다. 이런 성취 경험들이 나의 효능감을 높이는 데 한몫을 하고 있다.

우리 대학원은 특수대학원이라 뒤늦게 상담을 공부하고 싶은 사람들이 많이 들어온다. 공부하게 되었다는 사실이 기뻐 눈물을 흘린 30대 주부, 우울증으로 오랜 시간 고생하다가 이겨내고 다른 분들께 도움을 주고 싶다며 50대에 공부를 시작한 분, 군대에 근무하며 자신을 더 알고 싶고 사병들을 잘 보살피고 싶다는 40대 장교 등을 보며 나이는 정말 숫자에 불과하다는 것을 배웠다. 이런 전문적인 공부도 할 수 있지만 새로운 요리를 인터넷으로 배워 가족에게 맛보게 할 수도 있고, 동화책을 읽어줄 때 동화 구연하는 사람처럼 재미있게 읽어줄 수도 있고 시간을 정해놓고 자녀와 함께 윗몸 일으키기를 할 수도 있다.

이 모든 것이 자기효능감을 증진시켜 줄 것이다. 계획만 하지 말고 실천해서 성취해 내는 것이 중요하다. 자기효능감을 높이기 위해 할 수 있는 또 다른 방법은 언어적 설득이다. 쉽게 말하면 격려하고 칭찬하는 것이다. 결혼 전에 얼마나 많은 아름다운 말로 우리들의 사랑을 이야기했던가? 지금은 아득해졌지만…. 자신에게 아낌

없는 격려와 칭찬의 말과 행동을 해보자. 가끔 선물도 하자. 물론 남편과 자녀가 이런 말과 행동을 한다면 그보다 더 좋을 수는 없겠지만 남편에게 의존하지 말고 우리 스스로를 격려하자. 부모교육을 받고 있는 엄마들에게 자신에게 해주는 격려와 선물을 찾아보라고 했더니 별로 없다고들 한다. 큰 데서 찾지 말고 작은 격려부터 하면 된다. 오랜만에 친구들을 만나 수다를 떨며 남편과 자녀 이야기를 하는 것, 머리를 하러 갈 때도 "파마가 벌써 다 풀렸네. 머리 또 해야 되잖아!" 할 것이 아니라 "이번 달에는 머리를 다른 모습으로 바꿔주는 상을 주어야지" 하며 파마를 하는 것, 1년에 두 번 정도는 영화관에 가서 영화 한 편 보는 것 등이 얼마나 좋은 격려인가? 자신을 격려하는 말이나 행동은 부모의 자기효능감을 증진시킬 것이고 이는 부모가 자녀교육을 더욱 힘 있게 할 수 있는 밑거름이 된다.

끝으로, 부모가 자신의 정서적 상태와 생리적 상태를 잘 알아차리는 것이 중요하다. 몸이 피곤하고 할 일이 많으면 짜증이 나게 되고 바로 직격탄이 되어 자녀에게 날아갈 수도 있기 때문에 부모는 자신의 신체와 정서상태를 잘 관리해야 한다. 정서 관리를 한다는 것이 쉬운 일은 아니다. 하지만 안 되는 것은 아니다. 화가 났다고 해서 하고 싶은 말과 행동을 다 한다면 부모-자녀 관계에 많은 금이 갈 것이다. "로마는 하루아침에 이루어지지 않았다"고 하듯이 자기효능감을 높이기 위해 서서히 한 발을 내디뎌야 하겠다. 오늘부터 시작하면 1년 후, 5년 후, 10년 후에 나는 얼마나 성장해 있을까?

선택의 길 :
부모 · 자녀의 선택

✚ 박애선 : 서울특별시립청소년상담지원센터

"당신은 나머지 삶을 어떻게 보내고 싶은가?"

"자녀와 불행하게 지내고 싶은가? 아니면 행복하게 지내고 싶은가?"

이 질문은 바보 같은 질문일 것입니다. 우리들 중 누가 불행하게 살고 싶겠습니까? 그러나 우리는 인생을 행복하게 지내고 싶어하지만 실제로 생활을 자세하게 들여다보면 불행하게 지내는 경우가 종종 있습니다. 특히 우리는 가장 가까운 사람들과 적은 시간을 보내고, 함께 시간을 보내는 동안에도 서로에게 상처를 주거나 무덤덤하게 보내는 경우가 있습니다. 우리 자신들이 그와 같이 무덤덤하게 보내거나 불행하게 보내고 있다는 사실을 자각하면 우리는 자신

불행한 길   행복한 길

들의 행동을 바꿀 것입니다. 왜냐하면 자신이 불행한 상태에 있고
싶어하는 사람은 없기 때문입니다. 그러면 지금부터 우리 자신들의
행동을 현미경으로 들여다보겠습니다.

　우리는 각자 상대방에게 원하는 바람(want)이 있습니다. 우리는 여
러 가지의 바람들을 마음의 사진첩에다 하나씩 저장해 놓습니다.
이제 부모 자신들이 자녀와 어떤 관계가 되기를 원하는지를 구체적
으로 알아야 할 것입니다. 예를 들면 어떤 부모는 자녀가 공부만 잘
하면 된다는 하나의 사진만 가지고 있습니다. 이 경우는 대부분 부
모와 자녀와의 관계가 원만하지 않게 됩니다. 그런데 우리나라의
부모들은 대부분 자녀에 대해서 이러한 사진만 마음속에 저장하고

있습니다. 게다가 자신들의 자녀의 성적이 상위권에 속하는 사진들을 더 좋아합니다. 우리는 각자가 서로에 대해서 같은 그림을 갖고 있을 때 행복감을 느끼게 됩니다.

부모들은 자녀들이 부모들에게 무엇을 원하고 있는지를 생각해 보아야 할 것입니다. 대개의 경우 자녀들은 자신의 부모들이 무엇을 원하는지는 알고 있지만 반대로 부모들은 자녀가 부모들에게 무엇을 원하는지는 알지 못합니다.

먼저 부모들이 자녀에게 원하는 심리적인 사진첩의 내용들을 예상해 보겠습니다. 예를 들면 공부 잘하는 자녀, 친구관계가 좋은 자녀, 선생님에게 칭찬받는 자녀, 부모님 말씀 잘 듣는 자녀, 운동 잘하는 자녀, 마음이 따뜻한 자녀, 인간성이 좋은 자녀, 청소(자녀의 방 정리) 잘하는 자녀, 음악을 잘하는 자녀, 남을 돕는 자녀, 건강한 자녀 등등입니다. 이상에서 부모님들이 갖고 있는 사진들이 있을 것입니다. 만약에 하나의 사진만을 선택할 수 있다면 어떤 사진을 선택하시겠습니까? 자녀들의 심리적인 사진첩의 내용도 예상해 볼 수 있을 것입니다. 자녀들을 있는 그대로 이해해 주는 부모, 서로를 위해주는 부모, 공부를 못해도 따뜻하게 대해주는 부모 등등입니다.

여기에 사진들이 없다면 다음의 빈칸을 채워보시기 바랍니다. 그리고 부모와 자녀가 함께 적은 내용들을 가지고 이야기해보시기 바랍니다.

부모님

1. 나는 우리 아이가 _____ 하기 바란다.

2. 나는 우리 아이가 _____ 하기 바란다.

자녀

1. 나는 우리 부모님이 _____ 하기 바란다.

2. 나는 우리 부모님이 _____ 하기 바란다.

자녀가 공부는 잘하는데 부모님과의 관계가 멀어진다면, 어떤 부모도 그러한 것을 원하지는 않을 것입니다. 실제로 부모와 자녀들 간에 사소한 것 때문에 관계가 멀어지는 경우가 있습니다. 청소하라는 부모의 잔소리 때문에 관계가 멀어지거나 공부만 하라는 말 때문에 관계가 멀어지기도 합니다.

누구든 나 이외의 다른 사람을 내 마음대로 하는 것은 불가능합니다. 사실 나 자신도 내 마음대로 안 되는 경우가 있습니다. 우리가 다른 사람에게 나의 영향력을 미치고 싶을 때는 먼저 상대방과의 관계를 좋게 해야 합니다. 왜냐하면 우리는 좋아하는 사람의 말을 그나마 듣는 편이기 때문입니다.

가정은 의자와 같습니다. 가족구성원 각자가 자신의 위치에서 같은 높이와 넓이로 지탱할 때 하나의 의자로서 기능을 할 수 있습니다. 부모님 중에서 어느 한 사람의 목소리가 높거나 자녀 중에서 한 사람의 목소리가 높게 되면 그 즉시 의자의 균형은 기울어지고 의자로서의 역할을 못하게 됩니다. 부모와 자녀들은 같은 축을 가지고 있으면서 적당한 심리적인 거리감을 유지해야 합니다. 나무들도 건강하게 자라기 위해서는 최소한 30센티미터의 거리가 필요하고 건물과 건물 사이도 서로의 일조권이 유지되어야만 허가가 납니다. 건강한 사람들에게도 심리적으로 적당한 거리가 필요한데 부모들은 자녀와의 거리를 너무 가깝게 두기 때문에 서로가 원하는 것을 보지 못하게 되는 것입니다.

부모와 자녀 서로가 서로에게 선택을 주는 길을 선택하시기 바랍니다.

정신이 건강한 부모가
아이도 잘 키운다

✚ 최 영 : 최영정신과

헤라클레스가 좁은 산길을 가다가 사과만 한 물체와 마주쳤습니다. 그것을 짓밟아버리려는 순간 그 물체의 크기가 두 배로 커졌습니다. 그것을 본 헤라클레스는 전보다 더 세게 그것을 짓밟으면서 방망이로 내리쳤습니다. 하지만 그 물체는 더욱 크게 부풀어 올라 아예 길을 가로막아버릴 정도가 되었습니다. 당황한 헤라클레스 앞에 아테나 여신이 나타나 말했습니다. "이제 그만하게. 이 물체는 논쟁과 불화의 정령이라네. 건드리지 않고 가만히 놓아두면 그전처럼 얌전해질 걸세. 하지만 이것과 싸우면 보다시피 자꾸만 부풀어 오른다네."

이솝우화의 헤라클레스처럼 자녀양육 과정에서 부딪치는 크고 작은 스트레스에 그만 녹초가 되어버리고 만 부모님들을 진료실에서 만나곤 합니다. 부모교육이나 상담 과정에서 "나는 엄마 자격이 없다" 또는 "나는 아빠로서의 자질이 부족하다"며 자신을 자책하는 부모들은 대부분 자신의 스트레스를 적절하게 관리하지 못하는 분들이었습니다.

　현대사회를 살아가는 부모들은 과거에 비해 많은 스트레스를 받습니다. 급변하는 사회 · 경제적 환경, 금전적인 부담, 그리고 가정생활에서 부딪치는 크고 작은 여러 문제들이 부모의 스트레스에 일조를 합니다. 부모가 너무 심한 스트레스를 받게 되면 자녀양육에도 부정적인 영향을 미치게 되므로 적절한 스트레스 관리를 통해 부모 자신의 정신건강을 지키는 것이야말로 자녀를 잘 키우는 기본적인 자질 중 하나라고 말할 수 있습니다.

　부모가 너무 심하게 스트레스를 받게 되면 좋은 부모로서의 역할을 수행하기 어렵게 되어 결국 자녀의 반항적 행동이나 품행문제를 일으키게 되고 공격적 행동을 유발하게 됩니다. 자녀가 보다 많은 행동문제를 나타내게 되면 그 자체가 부모에게 스트레스를 주게 되어 결국 또다시 부모 역할의 어려움을 초래해서 자녀의 행동문제를 악화시키게 되는 악순환에 빠집니다. 부모의 스트레스, 부모 역할의 붕괴, 그리고 자녀의 행동문제가 서로 영향을 주고받게 되는 것입니다.

자녀양육 과정에서 스트레스를 받고 있다고 느끼는 부모들께 드리는 저의 가장 첫 번째 조언은 부모 자신의 자녀에 대한 가치관과 행동방식을 바꾸라는 것입니다. 많은 부모들이 자녀의 학업 성취에 몰두한 나머지 '놀이'나 '사랑'을 간과하는 경우가 많습니다. 하지만 아무리 높은 물질적·직업적 성취를 이루었다 할지라도 개인의 삶에 오락과 휴식과 같은 '놀이'와 가족과 친구와의 관계에서 나누는 '사랑'이 함께 하지 못한다면 결과적으로 삶에 만족을 느끼지 못하게 마련입니다. 효율적인 부모 역할을 위해서도 가족 안에서의 놀이와 사랑이 강조되어야 합니다. 자녀의 정상적인 발달을 위해 부모가 양적·질적으로 충분한 시간을 자녀와 함께 보내야 한다는 것입니다. 그러기 위해서는 부모 자신의 가치관을 명확히 하고 어떤 활동이 가장 중요하며 시간을 투자할 가치가 있는 것인가를 심사숙고할 필요가 있습니다.

두 번째 조언은 부모와 자녀에게 주어진 문제와 현재의 상황에 대해 부정적인 것보다는 긍정적인 측면에 초점을 두어 생각하라는 것입니다. 낙관적이고 외향적인 성격을 가진 사람이 스트레스를 잘 극복합니다. 유머를 잊지 않는 것, 현재 닥친 문제를 해결하는 것은 남이 아니라 나 자신임을 명심하는 것도 필수입니다.

세 번째 조언은 아이와 가족으로부터 벗어나는 시간을 가지라는 것입니다. 학교에 방학이 있고 직장에 휴가가 있듯, 가정생활과 자녀양육을 위한 모든 일을 잠깐 멈추고 자기 자신만을 위한 시간을 가질 수 있어야 합니다. 정기적으로 부부만의 시간 갖기, 부부간에 서로 번갈아가며 자녀 돌보기 등을 통해 홀가분한 마음으로 여유를 즐길 필요가 있습니다.

　이런 저런 조언 끝에 제가 꼭 덧붙이는 속담은 '백짓장도 맞들면 낫다' 입니다. 개인적인 또는 자녀양육 과정에서의 스트레스를 경험하는 부모들은 허심탄회하게 비밀을 털어놓을 수 있는 상대가 필요합니다. 다른 친지, 친구나 이웃 또는 정신건강 전문가로부터 도움을 받는 것이 좋습니다.

　부모 자신이 건강해야 자녀에게 도움을 많이 줄 수 있습니다. 부모 자신의 스트레스를 적절하게 관리하고 스스로를 배려하는 시간과 여유를 가질 때, 그만큼 자녀에게 더 훌륭한 부모가 될 수 있음을 잊지 마시기 바랍니다.

부모의 3대 문제행동

✚ 최윤진 : 중앙대학교

사춘기에 접어든 자녀들과 갈등을 겪게 되면 부모들은 주로 자녀들의 행동에 문제가 있다고 생각하며 어떻게 하면 그 문제행동을 바로잡을 수 있을까에 대해 고민하게 됩니다. 그러나 부모-자녀 간 사이가 나빠지고 점점 거리가 멀어질 때는 자녀의 문제행동 때문만이 아니라 부모들의 문제행동도 주요한 원인이 되고 있음을 알아야 합니다.

그러면 부모의 평소 어떤 행동이 자녀와의 관계를 악화시키게 할까요? 저는 자녀에게 '시비 걸기', '잔소리와 훈계', 자녀와 '싸우기'의 세 가지를 부모의 3대 문제행동으로 지칭하고자 하며 각각의 행동의 특징과 문제를 지적해 보고자 합니다.

첫째, 우리 부모들은 무의식적으로 또 본의 아니게 자녀에 대한 염려의 마음을 '시비 걸기'의 모습으로 표현하는 경우가 많습니다. 학교에서 돌아온 아이에게 "야, 너 오늘 학교 늦지 않았어? 숙제는 제대로 해 갔니? 너 또 오늘 선생님에게 혼났지? 내 그럴 줄 알았다. 쯧쯧" 하며 맞이하는 엄마의 모습을 쉽게 상상해 볼 수 있습니다. 물론 이러한 말과 표현은 자녀에게 시비 걸 의도가 전혀 없이 던져지고 있지만 결과적으로 자녀의 기분을 상하게 하고 짜증을 촉발시키는 계기를 만들어서 다툼을 일으키게 하기 쉽습니다.

둘째로, 자녀에 대한 잔소리와 훈계도 시도 때도 없이 반복될 때는 부모들의 심각한 문제행동이 될 수 있습니다. 상습적인 잔소리와 훈계는 좋지 않은 방법인 줄 알면서도 충동적으로 자주 하게 되는데, 그 주요 원인으로는 두 가지 정도 짚어 볼 수 있습니다. 우선 부모들이 다른 적절한 지도 방법을 몰라서일 수 있고, 다른 한편으로는 부모들의 착각 때문이기도 합니다. 즉, 자녀에게 방을 치우라고 스물두 번 이야기했는데 말을 안 들었다면 한 번 더 해서 스물세 번째 잔소리를 하면 들을지 모른다는 착각을 의미합니다.

셋째로, 자녀와의 갈등은 자주 실제 '싸움'의 장으로 변하기도 합니다. 부모 입장에서는 자녀를 혼내주는 것이지 자녀와 대등하게 다투는 것이 아니라고 여길지 모르지만 객관적으로는 자녀와의 의견 대립과 팽팽한 신경전으로 비춰지는 '다툼'의 모습으로 나타나게 됩니다.

이러한 자녀와의 다툼은 대부분 별 소득 없이 자녀와의 관계만 악화시키는 결과를 초래하여 결국 부모를 전쟁의 패장으로 만들곤 합니다. 따라서 패할 가능성이 많은 자녀와의 다툼은 아예 벌이지 않는 것이 좋으며 자녀와 대화가 영 안 통하고 점점 화가 치밀어 오를 때면 그 대화를 중단하고 그 자리를 피하거나 나중 기회로 미루는 것이 나을 것입니다.

어쨌든 앞의 세 가지 문제행동들은 평소에 부모들이 의식적으로 하지 않도록 노력해야 할 것입니다.

어떻게 하면 이러한 행동들을 줄일 수 있을까요? 우선 자녀의 못마땅한 행동에 반응할 때, 감정적이거나 즉흥적으로 대처하지 말아야 합니다. 문제의 정도나 심각성에 따라 구분하여 반응하는 것이 필요합니다. 즉, 자녀의 행동이 그 시기에 간혹 보여줄 수 있는 사소한 행동인지 아니면 심각한 행동인지 구분해서 적절하게 대처해야 합니다.

사소한 행동으로 판단되면 될 수 있는 대로 간섭이나 개입을 하지 않는 것이 좋을 것입니다. 그리고 심각하거나 중요한 행동이라고 생각되면 자녀와 약속을 정해서 깊이 있게 논의해 보거나 외부 전문가의 도움을 받을 기회를 마련해 볼 수도 있을 것입니다.

부모의 문제행동을 줄이기 위한 좀 더 근본적인 방법은 문제행동 대신 좋은 행동의 기회를 늘려가는 것입니다. 그러면 부모의 3대 좋은 행동은 무엇일까요?

그것은 자녀의 말에 '적극적으로 귀 기울여 주기', 자녀와 함께 다양한 활동을 통해서 '즐거움 공유하기', 그리고 자녀의 행동과 모습에 대해서 자주 '칭찬해 주기' 등의 행동을 의미합니다.

첫째, 적극적으로 귀 기울여 준다는 것은 자녀의 말과 입장을 공감하며 잘 이해하려고 노력하고 있음을 보여주고 표현하는 것을 의미합니다.

둘째로, 즐거움 공유하기는 자녀와 함께 취미생활이나 여가생활의 기회를 많이 마련해서 공동의 관심과 즐거움의 공유 영역을 넓혀가는 것을 의미합니다.

그리고 '칭찬해 주기'는 자녀의 단점보다는 장점에 더 많은 관심을 갖고 일관성 있게 격려해 줌으로써 자녀에게 긍정적인 자아감과 자신감을 갖도록 하는 것입니다.

우리 부모들이 3대 문제행동을 자제하고 3대 좋은 행동들을 적극적으로 해나가고자 노력할 때 부모와 자녀 사이의 소통의 문이 활짝 열리게 될 것입니다.

잘 싸울 줄 아는 아이로 키워라!

✦ 송길연 : 아이캔! 인지학습발달센터

싸우지 않고 살아가는 사람은 없다. 혹시 있다면 모든 일이 원하는 대로 되어서 싸울 일이 전혀 없는 사람이거나, 성숙해서 이 세상의 모든 일과 모든 사람을 이해하고 받아들일 줄 아는 사람이거나, 싸울 일이 있어도 속으로 꾹 참으며 피하는 사람일 것이다. 아마도 싸우지 않는 사람 대부분은 마지막 경우일 거라고 생각한다. 그들이 꾹 참으며 싸움을 피하는 이유 중 하나는 싸움은 좋지 않다고 배워 왔기 때문일 것이다.

옛 분들은 "아이들은 싸우면서 큰다"고 했다. 이 말이 뜻하는 것은 싸우지 않는 아이는 없으며 싸우는 것도 살아가면서 겪는 정상적 발달 과정의 하나라는 의미일 것이다. 그렇긴 해도 막상 아이들의 싸움이 잦으면 안 그런 것보다 잘 자라기 어렵고 부모 입장에서도 힘들어진다. 실제로 자식을 키우면서 엄마들이 크게 스트레스를 받는 일 중 하나가 아이들 간의 싸움이다. 상담을 하러 오는 어머니 중 한 분은 초등학교에 다니는 아들 둘을 키우고 있는데 아들들이 하루에도 몇 번씩 싸워서 큰 스트레스를 받고 있다.

　엄마들은 보통 여자아이 키우는 일이 남자아이를 키우는 일보다 수월하다고 말한다. 이유가 무엇일까? 남자아이들과 여자아이들은 서로 관계를 맺는 방식에 차이가 있다. 남자아이들은 몸짓을 주고받으며 놀고 서로 놀리면서 의사소통을 하는 경향이 있다. 그것이 남자아이들이 관계를 맺는 방식이라고 보아야 한다. 그래서 남자아이들이 노는 방식은 조금만 지나치면 싸움이 되기 쉽다. 여자아이들은 이야기를 주고받으며 어떤 일을 협조해서 같이 하면서 관계를 맺는다. 그래서 여자인 엄마는 딸아이들이 노는 방식이 더 편하고 좋아 보일 수 있고 아들들이 노는 방식은 너무 거칠고 경쟁적이라고 느껴질 수 있다. 엄마에게 남자 형제가 여럿 있어서 남자들이 어떻게 놀며 관계를 맺는지 경험한 경우에는 아들들이 보이는 거친 행동이나 놀림도 크게 걱정하지 않을 수 있다. 만약 여자 형제만 있는 엄마라면 그런 행동들을 더 걱정할 가능성이 크다.

　아이들의 싸움이 너무 잦다거나 심해서 상처를 받을 정도가 아니라면 걱정할 일은 아닌 것 같다. 그보다는 어떤 일로 싸움이 일어나는지, 어떻게 싸움이 진행되는지, 싸움이 어떻게 마무리되는지, 부모는 그 싸움에 어떤 식으로 개입하는지가 더 중요하다. 싸움이 일어나는 이유를 알면 싸움이 일어나는 빈도를 줄일 수 있다. 싸움의 진행 과정을 알면 너무 지나치게 공격적이 되거나 상처를 주지 않도록 미리 막을 수 있다. 싸움의 마무리가 어떤지를 알면 싸움도 좋은 갈등 해결 과정으로 만들 수 있다. 부모가 개입하는 방식은 싸움에 큰 영향을 주기 때문에 매우 중요하다.

아이들의 싸움은 오해에서 빚어지기 쉽다. 상대방의 행동을 의도적인 것으로 해석하기 때문이다. 아이들은 어려서는 상대방의 행동이 의도가 있는지 여부와는 상관없이 화를 내고 다투게 되지만 나이가 들면 의도적이 아닌 실수에 대해서는 화가 나더라도 상대방을 공격하지 않게 된다. 또한 아이들이 싸우는 것은 화가 나고 서로 갈등이 생긴 상황에서 평화로운 해결 방법을 모르기 때문에 일어나기도 한다.

그러므로 부모가 평소에 사람들의 행동이 여러 가지 이유에서 일어날 수 있음을 설명해 주고 갈등이 있는 상황에서도 평화적인 해결을 하는 모범을 보이면 싸움은 감소하게 된다. 먼저 화를 내기 전에 상대방의 말을 듣고 자신의 입장을 설명하고 잘못을 인정하고 서로 화해를 하는 과정은 부모가 보여줄 수 있는 멋진 교육이다. 화가 머리끝까지 치밀어 도저히 이렇게 할 수 없을 때에는 잠시 10분이고 20분이고 냉각기를 갖는 타임아웃을 하는 것도 중요하다. 화가 좀 가라앉으면 문제를 평화롭게 해결할 방법을 쓸 수 있게 된다.

이것이 잘 싸우는 방법이다.

아이들은 부모를 그대로 닮는다. 상담을 하던 초등학교 2학년 남자아이가 잘못 행동을 해서 타이르고 있었다. 아이는 "선생님이 하는 말이 너무 어려워서 못 알아듣겠으니 쉬운 말로 해주세요"라고 했다. 내가 한 말은 전혀 어려운 말이 아니었다. 아마도 집에서 아버지와 어머니가 다툴 때 그런 표현을 하는 걸 배운 것 같았다. "당신 말이 너무 어려워 못 알아듣겠으니 쉬운 말로 해줘"라며 비아냥거린 것이다. 아이도 비아냥거리는 말투를 그대로 흉내 내고 있었다. 부부가 서로 지지 않기 위해서 잘못된 싸움을 하고 있었고 아마도 관계를 '이기고 지는' 힘의 논리로 보고 어떻게든 이기려고 하는 모습을 아이가 보고 배운 것이라 여겨진다. 이 아이는 학교에서 어려움을 겪고 있다. 상대방의 말을 듣고 따르는 것을 지는 것이라 생각해서 제 마음대로 하려 하니 교사와 갈등이 있고 학업도 제대로 수행하기 어렵다. 또래와의 관계도 어려운 건 말할 것도 없다.

다른 사람들과 잘 지내면서 자기가 원하는 일을 이루어 갈 수 있는 아이로 키우려면 반드시 잘 싸우는 법도 가르쳐야 한다. 가장 좋은 방법은 부모가 모범을 보이는 것이다. 자녀가 어리다고 무시하지 말고 앞에서 말한 방식대로 갈등을 해결하라.

한 번에 상대방의 약점을 공격해서 이기고 싶은 마음을 누르고 서로의 마음을 알아주고 문제를 해결할 수 있는 평화로운 방식을 찾는 과정으로 싸움을 한다면 싸움도 우리를 성숙하게 하는 발달 과정이 된다. 생각해 보라. 어떤 사람과 싸운 뒤에 더 가까워진 경험이 있다면 그 싸움 과정이 바로 이런 싸움이었을 가능성이 높다. 잘 싸울 줄 아는 아이가 성공한다.